ああ勘違い!!

社長が決める「給与」と「評価」の作り方

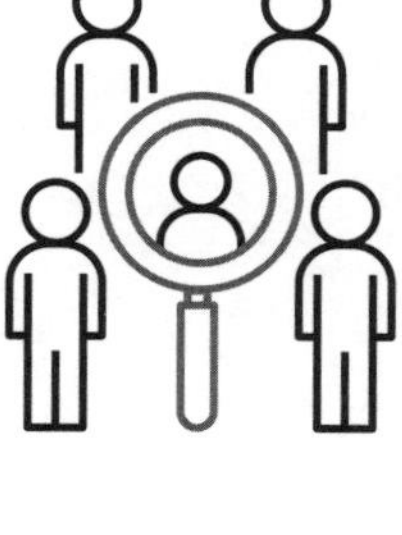

著・監修 広瀬 元義
著 中小企業を応援する士業の会

あさ出版

はじめに

最初にひとつ、質問をします。

ご自身の会社の給与制度は、完璧ですか？

「完璧です」と、胸を張って即答できる経営者は稀《まれ》です。それくらい、多くの経営者は日々、給与制度に頭を悩ませています。

売上が増えなければ、経費をコントロールしなくてはなりません。当然、人件費もその対象に含まれます。しかし、売上を生み出しているのは従業員です。全従業員の給与を下げ、人件費を下げれば、必ず経費は下がるでしょう。といっても、それは「やりたくない」と思うはずです。

では、どうすればいいのか？

◆もはや従来の制度では通用しない

業種に関係なく、あらゆる会社は今、人事制度を見直すべきと私は考えています。

今日まで大きな問題が起こらなかったとしても、このコロナショックばかりは見直しに着手しなければ、従業員が辞めてしまい、倒産リスクが高まることでしょう。なぜなら、新型コロナウイルス感染拡大の影響により、大なり小なり経営環境が変化したためです。

売上が半分以下になったのなら、その売上でも維持できる経営体制をつくらなければなりません。

従業員が辞めてしまったのなら、それ以上減らないように、今いる従業員を大切にしなければなりません。そして、その人数でも経営が続けられる体制づくりが急務となります。

リモートワークに切り替えたのなら、人事評価の方法を見直さなければなりません。事務所のスペースも、移転を視野に入れて考え直す必要があるでしょう。

まして2021年4月から中小企業でも「同一労働同一賃金」適用が開始されました。ですから、今の制度は、変えなければいけません。

では、今も売上が順調に伸びていて、経営環境に大きな変化はなく、従業員数も減っていなければ、従来の制度のままでいいのか？

答えは、ノーです。

世界がコロナショックに飲み込まれる以前から、現代におけるビジネスは目まぐるしく移り変わっていました。その理由は、言うまでもなく、市場のグローバル化です。海外の超大手企業の介入、フランチャイズ店の拡大、シェアリングサービスの普及、さらにはインターネットが普及した現代では大型企業のポータルサイトなどもあり、怒涛の勢いで顧客が吸い上げられています。街の商店街で長年商売をしていた八百屋や酒屋、総菜店や文房具店などの個人経営の小売店が次々と姿を消し、寂れたシャッター街になってしまった光景は珍しくありません。

「うちはコロナショックの中でも問題なく生き延びていて、従業員もそれを自慢に思っているから、大丈夫だ。さらなるモチベーション向上と利益拡大のために、給与をどんどん上げていきたい」

そのような会社もあるでしょうし、経営者のその気持ちは理解できます。

しかし、**いつ、どのような理由で売上が減少に転じるかわかりません**。誰も予想していなかったコロナショックで真っ先に倒産したのは、おそらく、コロナ以前から現在の売上が続くと信じてギリギリの経営をしていた会社ではないでしょうか。

長期的な視野に立ち、キャッシュを蓄えておかなければ、いざという時に雇用を守れなくなります。

◆どうすれば評価すべき従業員を昇給させられるか？

昇給を慎重に行うべき理由は、将来への備えばかりではありません。一歩間違えれば社内の人間関係が悪化し、経営陣への信頼低下を招くおそれがあるためです。

「人事評価制度や報酬制度を作成して、その通りに昇給させれば、とくに問題は起こらないだろう」

それも、ノーです。

たとえば、人事評価制度の改定により、ある従業員の月給が前期より1000円減ったとします。降給されるような失敗に心当たりはなく、成績も前期と同じであった場合、その従業員は「なぜ」と、疑問を抱きます。新しいルールに則って評価し、金額を決定したとしても、従業員がその評価に納得できない場合は不満につながります。

そして、それは自身の給与に対する不満に留まりません、

「とくに目覚ましい成果を出していない◯◯さんが昇給したのは、きっと、部長にかわいがられているからだ」

「□□さんは確かに成果を上げているけれど、それは自分の苦手な仕事を全部他人に押し付けたり、緊急の案件であっても絶対に他人に力を貸さないからだ。チームで仕事ができない人を昇給させるのは、納得できない」

このような陰口が広がれば、社内の人間関係がギクシャクし、モチベーションのみならず売上の低下にまでつながる恐れがあります。

経営者であれば、優秀な従業員には「もっと活躍させてやりたい」「モチベーションを高めたい」という気持ちが生まれます。それは当然のことです。

しかし、一度立ち止まって周囲を見渡し、自分に問わなければいけません。

「その昇給が、他の従業員のモチベーションを下げる要因にならないか？」
「具体的な数値や評価項目で、昇給の根拠を示せるか？」
「根拠のない〝感覚〟で従業員を評価していると思われないか？」

従業員が納得できる公平な人事制度とは、どのようなものなのか？

終わりの見えないコロナショックでリモートワークへの切り替えが強く迫られる中、その課題はいっそう複雑になりました。本書が、これから進めていく「給与」と「評価」の課題解決の一助になれば幸いです。

なお最後になりましたが、本書をまとめるにあたり「中小企業を応援する士業の会」のみなさまには執筆協力をいただきました。あらためて感謝申し上げます。

２０２１年　４月

広瀬元義

※とくに断り書きがない限り、本書で紹介している法律内容、制度情報、データ等は２０２１年３月末現在のものです。

目次

第2章 従業員の納得度が高い人事評価制度をつくる

第3章 従業員ともめないようにルールを書面化する

第4章 「多様な働き方」に対応する

第5章 「給与・評価見直し」プロジェクトはこう進める

第1章

給与でこんなに従業員の行動は変わります

1 給与の仕組みづくりが社長の最重要業務

◇昔は年功序列でもよかった

給与制度を変更する場合、何を評価対象とし、どのようなルールにするのかは、最も悩む部分です。また、同業他社の制度やトレンドなども気になるでしょう。

高度経済成長期に最も採用されていたのは、ご存知の通り年功序列です。入社して間もない新人は最も少ない給与からスタートし、勤務年数に応じて少しずつ昇給していきました。これは、右も左もわからない新卒採用の新入社員が、先輩社員に仕事のやり方を教わりながら次第に成長していく、という共通認識があったためです。

しかし、現代においては、段階的な成長よりも即戦力が求められます。個人の優れたパフォーマンスを十分に発揮させ、さらに伸ばしていくための環境づくりが重視されています。

ただし、すべての組織に「年功序列はもう古い」などと言うつもりはありません。

私が経営者として会社を設立したばかりの頃は、従業員の給与よりも「利益を増やして、経営を軌道に乗せる」ことに、思考の大部分を割いていました。スタートアップ時の従業員は「自分の力でこの会社を発展させる」という気概を持った少数精鋭部隊でしたから、ある程度の方向性を私が決めても、みんなの同意を得られ、問題に気づけば、あとからでも修正を加えることができました。

そうすることで会社の業績はどんどん上がりました。それを可視化させて伝えることで、従業員たちは各々に「仕事に対するやりがい」を見出し、自主的にさらなる研鑽に努めるようになっていったのです。会社全体のパフォーマンスが上がり、経営が軌道に乗って右肩上がりの成長を続けるようになり、当然の帰結として支払える給与の金額も増えていきました。

従業員のモチベーションの源は、昇給よりも「**自分の努力が会社の業績アップにつながった**」という自己評価にありました。たとえ、賞与や昇給がわずかであっても、その背景に自分が出した成果があると実感し、充実感を得ることができたのです。

災害や増税など、社会情勢の一時的な変化によって売上が落ちたとしても、また、業績が横ばいで昇給が難しい場合でも、小規模（平均従業員数4～5人程度）の事業所であれば、経営者の懐、すなわち役員報酬を削ることで、昇給分の原資を確保することが可能でした。

このため、スタートアップ企業であれば、年功序列の給与制度に代表される、在籍年数に応じて一定の昇給が約束されている制度でも問題はないと考えています。

ただし、経営が軌道に乗って会社が成長し、規模が大きくなれば、年功序列の限界が訪れます。

◆従業員が増えると、昇給を役員報酬でまかなえない！

順調に売上が増加すれば、組織は大きく成長します。同時に、お金のコントロールが難しくなっていきます。

たとえば、利益が横ばいで、従業員数に変動がない場合、昇給するべきでしょうか。

通常、昇給はありません。しかし、先ほど述べたように、経営者が身銭を切れば従業員の昇給分はカバーが可能です。仮に従業員が5名の会社で、一人あたり10万円の昇給を行っていたのなら、社長の役員報酬を50万円削減すれば、昇給を維持できます。そして、多くの経営者が借入金を増やしたりするなど、やりくりをしています。なぜ、そのような行動をとっているのでしょうか？

なぜ、そこまでする必要があるのでしょうか？

それは、**従業員の不満を抑えるためであり、事業の継続にあります**。

昇給は従業員にとってうれしいことであり、モチベーションの源泉です。ですが、長年続くとそれが「当たり前」の感覚になり、現在の収入から見れば〝ワンランク上〟の車や住宅を購入する、生命保険プランの見直しを行うなど、昇給する前提で生活設計を立ててしまう従業員が出てきます。

「前々期も前期も昇給したから、今期も間違いないだろう。念願のマイホームを購入できたし、これからも頑張るぞ！」

そのような状態での「昇給なし」は、かなりのインパクトを与えてしまいます。会社の状況を説明すれば頭では理解してくれるでしょうが、計画が狂ったことに対する不満は残りますし、毎月のローンがなくなるわけではないため、生活も苦しくなるでしょう。

従業員のモチベーションを下げないために、社長が身銭を切る。その経営判断は間違いではありませんが、いつまでも続けることはできません。

たとえば、社長の年収が2400万円の場合、所得税や住民税、社会保険料などを差し引くと、手取りは1500万円ほどになるでしょう。生活費に約1000万円が必要なら、切れる身銭は500万円程度です。

先ほどの例のように、一人当たり10万円ずつの昇給であれば、社長がカバーできるのは50人までとなり、それ以上の補填は不可能です。毎年昇給を続けて、社長の懐に限界がきたときに「昇給なし」とすれば、従業員のモチベーションダウンは避けられません。

小規模の会社であれば、年功序列の給与制度でも問題はありません。しかし、会社を大きくしたいのであれば、年功序列とは異なる給与制度をつくる必要があるということを、覚えておいてください。

◆コロナショックで経営環境は大変化した

帝国データバンクの調査（2020年8月）によると、新型コロナウイルス感染拡大の影響を受けて、累計1066社の上場企業が業績予想の下方修正を行いました。中小企業ではさらに厳しい業績低下が起こっており、窮状を訴えるメッセージがあちこちから発信されています。

では、具体的にどのようなことが起きているのでしょうか。

厚生労働省の「毎月勤労統計調査」からは、1回目の緊急事態宣言が発令されていた2020年4～5月は、残業代や深夜勤務手当などの「所定外給与」の著しい減少が見て取れます。一般労働者は前年比で4月が12・8％減、5月が26・6％減でした。

さらに業界別で見ると、5月は製造業が35・5％減、飲食サービス業等が54・2％減、生活関連サービス等（クリーニング、理美容、旅行、冠婚葬祭、映画館、スポーツ施設など）が58・6％減となっており、飲食サービス業等は基本給にあたる所定内給与も6・3％減という数字になっていました。

2020年夏季賞与の支給状況を見ると、前年比で、飲食サービス業等は21・3％減、鉱業・採石業等が13・7％減、生活関連サービス等が13・1％減、卸売・小売業が10・4％減となっており、金融、不動産、建設、教育、医療以外の業種は、ほぼマイナスに転じています。

11月においても、一般労働者の現金給与総額は2・0％減、所定外給与は10・9％減のままでした。12月後半から2021年1月にかけて感染者が急増し、2回目の緊急事態宣言が発令されたことから、この社会情勢が短期で好転することは考え難いでしょう。

このような中で、2021年度は多くの企業で昇給率の引き下げが行われると考えられます。しかし、売上の低下や業績悪化を理由に十把一絡げに昇給率を下げてしまうと、これまで企業の成長を支え、苦しい状況下でも奮闘して成果を出した優秀な従業員は、高い確率で転職を考え始めるでしょう。

それらを防ぐには、次のことを行う必要があります。

成果を出している従業員には、その成果に見合った給与を支払う。

成果を出さなかった従業員は、据え置きか降給にする。

これを実現するためには、一刻も早く、現在の人事評価制度と給与制度を見直さなければなりません。

◆社長の本当の役割とは「予算と人事のみ」

離職率が高く、従業員の入れ替えが激しい会社には、ある傾向が見られます。社長が「前職の給与制度を流用している」、または「同業種の給与制度をそのまま適用している」というものです。

当然、それは自社のために作成した制度ではありませんから、多くの従業員にとって納得できる内容ではありません。しかし、社長は離職の原因が給与への不満であることに薄々気づきながらも「日々の業務が忙しい」という理由で、なかなか見直しを行いません。給与制度の整備に対する優先順位が低いのです。

社長の役割とは、何でしょうか。

私は、究極的には「予算と人事のみ」と考えています。

なぜなら、予算編成、従業員の採用、給与の決定には、お金が動きます。100名規模で10億円の粗利の会社であれば年間の人件費は5億から10億円程度、一人の従業員を1年間雇用すれば500万から800万円の予算が必要になります。それほどの大金を投入するのですから、失敗は許されません。最も重要で、最も難しい業務といえます。

それ以外の業務——たとえば営業や開発、企画などは、他の従業員に任せれば良いのです。適切な人材がいなければ、新たに雇うのもひとつの手です。仮に、外注したデザインが使い物にならなかったとしても、自社商品のプロモーションに失敗して見込んだ利益が得られなくても、その損失は数十万から数百万円といったところでしょう。優秀な従業員がいれば、それくらいは補ってくれるはずです。

他の業務をしながら給与のことを悩むのは、もう止めましょう。

社長は、最も金銭面のインパクトが大きい予算編成と給与制度づくりを、自身の最優先業務として考えてください。

◆「成果」「成長性」をみて給与をあてがう

そのためには予算と人事にエネルギーを集中させます。

それでは、具体的にどのように給与制度を見直せばいいのでしょうか。

キーワードは「成果」と「成長性」です。 左の図をご覧ください。ここでは従業員

予算と人事の決定にエネルギーを集中させよう

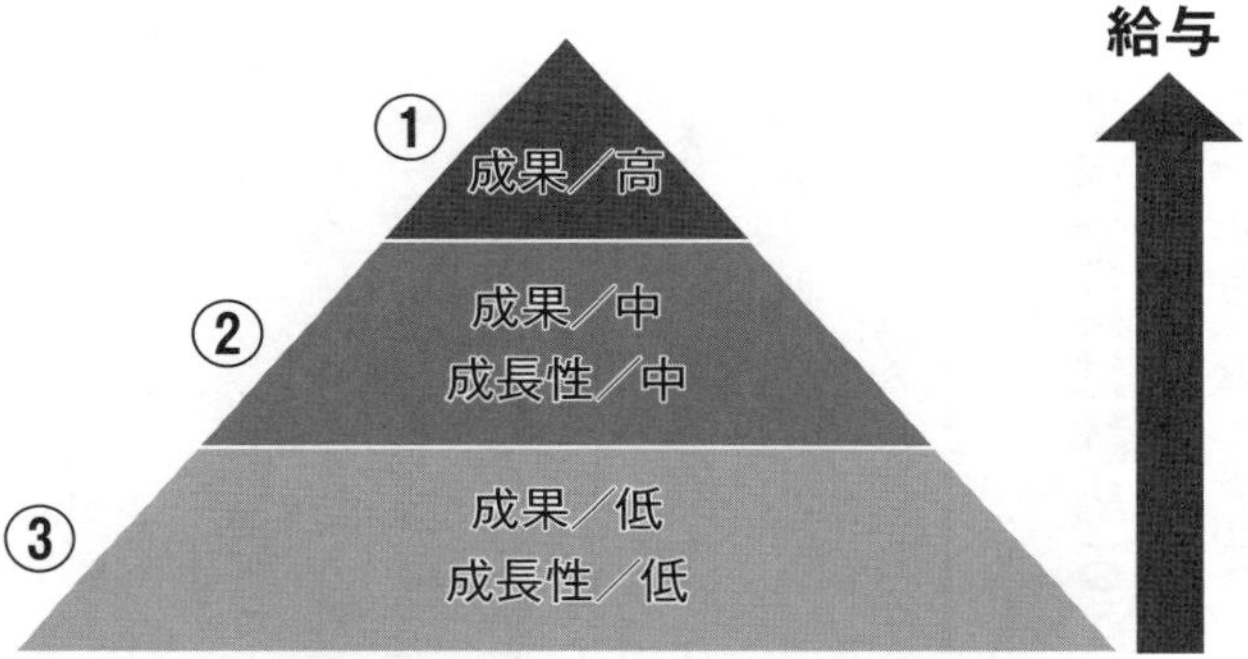

成果や成長性に見合った給与の支払い
人件費（予算）の適正化 ▶ 利益率向上

を3つの層に分類し、人件費を集中させるべき層を明確にします。

①著しい成果をあげた従業員
②あまり成果をあげていないが、成長性が認められる従業員
③成果が少なく、成長性もあまり見られない従業員

「昇給あり」「据え置き」「降給」の選択肢があれば、①は昇給あり、②は据え置き、③は降給とするのが、一般的には妥当かもしれません。ただし、最終的にはその会社の文化に沿った選択をするべきです。

なぜなら、**成長性と成果のどちらを重視するかは、組織によって異なります。**

①に対してはすでに大きな成果を出しているのですから、成長性を考慮に入れる必要はありません。②の層に対しては、たとえば、多くの従業員が「成果をあげられなかったのなら、給与を下げるのは当然だ」と考える会社であれば、成果重視の給与制度が適しています。「今期は成果が出なかったが、前期の成績を考慮に入れて今後に期待する」という価値観を持つ会社であれば、成長性重視の給与制度がなじむでしょう。

「成長性と成果、どちらを重視すべきか？」という二者択一の答えを求めるのではなく、従業員の感覚や社長の価値観に沿った制度であることが重要なのです。

「営業職は成果主義にすべき」「技術職は成長性を重視すべき」といった、業種や業態、職種による最適解なども、ありません。会社と従業員をしっかり観察し、自社にふさわしい制度作成に全力を注ぎましょう。より多くの従業員が納得する人事制度であれば生産性が上がり、利益率の向上も期待できます。

◇給与で従業員は辞めるが給与だけで留められるわけではない

ここまで給与制度の大切さ、人件費の最適化の難しさと重要性の話をしました。

「わかった、成果を出す優秀な従業員には、どんどん給与を支払えばいいんだな！」

そう感じたかもしれませんが、ちょっと待ってください。単に「給与を支払えば従業員は満足する」というわけではありません。

社会人が労働によって得られるものは、給与だけではありません。自身の能力向上や人間的な成長などの喜びも含まれます。つまり、働くことによって得られる報酬は、会社から与えられる給与や昇進、社会的地位といった「外的報酬」と、仕事を通じて得られるやりがいや能力の向上、新たな交友関係の獲得などの喜びである「内的報酬」に大別されます。

従業員は、外部報酬が少なければ不満を抱きますが、多く与えられても、それだけでは満足しません。どれほど高い給与をもらっていても、やりがいのある別の仕事を見つけてしまったら、転職する可能性があります。

では、外的報酬と内的報酬は、どのようなバランスとなるのがベストなのでしょうか。

結論を先に言います。「外的報酬は適度に、内的報酬は大きく」です。

ノーベル経済学賞を受賞したプリンストン大学のダニエル・カーネマン名誉教授は

「年収7万5000ドル（日本円にして約800万円）までは、収入の増加に比例して幸福度が上昇する。ただし、それ以上増えても幸福度はほぼ変わらない」ことを、科学的に証明してみせました。

さらに、アメリカの臨床心理学者、フレデリック・ハーズバーグが提唱した二要因理論によると、仕事の満足感を高める要因（動機付け要因）は達成感、承認、責任、自己成長などであり、それらは「なくてもすぐに不満は出ないが、あればモチベーションが高まるもの」とされています。そして、不満をもたらす要因（衛生要因）は給与、福利厚生、経営方針、監督などであり、これらは「整備や改善されていなければ不満を感じるが、改善されても満足感につながるとは限らない」と言われています。

ですから「成果や成長性に見合った適切な給与」を支払うとともに、仕事に対するやりがいや喜びが高まるように、たとえば、成長の機会を提供する、挑戦できる環境を整えるといったアプローチも重視しなければなりません。

2 給与の上昇コントロールは本当に難しい

◇「去るもの追わず」経営では会社は成り立たない

「利益に応じた人件費のコントロールは重要だが、転職を考える従業員が出てしまうのは仕方ないことだ。去るもの追わずの姿勢でいいのでは？」と考えていませんか。

かつて、就職氷河期と呼ばれていた頃、企業は人材を選び放題でした。そのような時代なら「去るもの追わず」の姿勢でも、とくに問題はありませんでした。

しかし、次の2つの理由により、新たな人材を雇うこと、現在の従業員を自社につなぎ止めることは、今後ますます難しくなっていきます。

ひとつめの理由は、人口の問題です。

ご存知の通り日本は少子高齢化が進み、人口は今後、減少の一途をたどると言われています。国立社会保障・人口問題研究所の「日本の将来推計人口（平成29年推計）」によれば、２０５３年には１億人を割り、２０６５年には８８０８万人になるという推計結果が出ています。必然的に労働人口も減少するため、人的資源が現在よりも貴重になることは間違いありません。

ふたつめは、働き方に対する考え方の変化です。

年功序列の給与制度が主流だった時代は、入社した会社でキャリアを積み、徐々に昇進して定年退職まで勤め上げ、退職金を得て第二の人生を謳歌するというスタイルが、サラリーマンの一般的な人生計画でした。自社で育てた優秀な人材のほとんどが、会社に残って貢献し続けてくれていたのです。

しかし、現代では、転職は珍しいことではなくなりました。優秀な人材ほど自分の能力を発揮できるステージを積極的に探しているため、**「これ以上この会社に残っても、自分にメリットはない」と判断すれば、すぐに退職願を提出されてしまいます**。その時点で転職先の目処が付いていることも多く、よほどの条件を出さなければ離職を止めることはできないでしょう。そして、**その穴を埋められる新たな人材を雇うこ**

とは、この経済環境において簡単なことではなく、決して容易ではありません。

人的資源の貴重さを認識せず、「去るもの追わず」で人材の流出に手を打たない会社は、優秀な人材が定着しないため業績向上が難しく、いずれ経営を維持できなくなります。まずはこのことを、しっかり覚えておいてください。

ただし、優秀な人材の流出を防ぐために、毎期昇給であったり、前期と同じ成果であっても何かと理由をつけて昇給させるような制度にしてしまうと、人件費の上昇と利益のバランスが崩れ、ますます人件費のコントロールが難しくなってしまいます。

◆月給1000円の降給で人が辞める怖さ

今期は売上が落ちて、利益も減った。しかし、従業員に転職を考えるキッカケを与えたくない。そのようなとき、以前は多くの企業で「ボーナスによる調整」が行われていたように思います。月給は据え置きか、下げるとしてもほんの少し。その代わりボーナスを多めに出して、ボーナスが増えた喜びで給与の不満を打ち消すという方法です。

しかし、**この作戦は、もはや通用しません。現代のサラリーマンは月収と賞与をあまり区別せず「手取り」の数字だけを重視する傾向にあるからです。**

それなら、どうすればいいのか。

多くの経営者は「成果が出ていない従業員の降給」を考え始めます。25ページの図の、①の従業員を昇給、②の従業員を給与据え置き、③の従業員を降給とし、①と③の従業員の割合を同じにすれば、人件費の上昇を防ぐことができます。

ただし、すでに述べたように、従業員がその評価に納得しなければ不満が生じます。**「昇給は慎重に行うように」**と繰り返しお伝えしてきましたが、それと同様に、降給にも慎重になるべきです。

ひとつ、事例をご紹介しましょう。あるとき、100名規模の企業の人事担当者から、次のような相談を受けたことがあります。

「従業員を相対評価し、成果をあげていないC評価の従業員を一律減給する給与制度に変更したところ、ある部門の離職率が上がってしまった」

詳しく話を聞いてみると、その部門とはコールセンターでした。そこで、退職者に

1,000円の降給で人が辞める怖さ

退職リスク／社員の意欲低下を懸念し
定期昇給の仕組みが出来上がった

ヒアリングを実施し、降給されたときの気持ちについて詳しく尋ねてもらいました。

その結果「この会社ではこれ以上、給与が増えない」と感じ、転職を決意したことがわかりました。

成果をあげれば昇給されるのに、なぜ、そう思ってしまったのでしょうか。

その理由は、コールセンターという業務の特性にありました。

コールセンターでの顧客対応は、最初はマニュアル通りの対応しかできない、うまく応えられず顧客を怒らせてしまうなど、トラブルに見舞われることがあります。しかし、知識と経験が増えれば、

1件あたりの対応時間が減り、1日あたりの対応件数も増えて、昇給につながります。ところが、その成長はすぐに限界が訪れます。対応能力が一定値に達すると改善すべき要素が少なくなり、前期よりも成果をあげることが難しくなってしまうのです。

ある従業員が降給されたとき、その原因となったのは、自社が開発した新商品でした。かなり独特かつ複雑な操作が必要であったため、必然的に説明時間が長くなってしまったのです。結果「C評価」となり、月給が1000円下がりました。そのとき「今後、新商品が出るたびに降給になる」と思い、転職を考えるキッカケになった、とのことでした。

自分ではどうにもならない部分で評価を下げられることは不本意ですし、すでに一定の能力を身につけているのですから、他社のほうが収入が安定するのであれば、そちらを選ぶのは当然です。

結果「一定の成長を遂げた従業員がどんどん流出してしまう」という、大きな損害を生み出してしまったのです。

優秀な従業員の給与を上げるために、業務内容を精査せず数字のみを見て無作為に降給すると、本来辞めてほしくない従業員が退職するなど、とんでもない落とし穴にはまってしまいます。

◆何の手も打たないと労働分配率の上昇は止まらない

安易に給与を減らすと、貴重な人的資源を失う恐れがあります。一方で、人材の流出を防ぐために、前期と成果が変わらない従業員の昇給や、成果を出していない従業員に対する降給の見送りを継続して行ってしまうと、利益が低下しても給与を下げることが難しくなってしまいます。

本来、給与制度とは従業員の働きを評価し、その評価に応じて、会社が得た利益を適切に分配するための制度です。それが従業員を自社に「引き止める」ためだけの制度になってしまえば、労働分配率の上昇に歯止めが効かなくなり、会社の利益がどんどん減少してしまいます。先述したように、人件費は経費の中でも最も大きな金額を占めるものですから、他の経費を削減して利益を確保することは、きわめて困難であると言えるでしょう。

「これまで従業員の給与を減らさないように頑張ってきたけれど、もう限界だ、会社が保たない。けれど、減らしたら従業員が辞めてしまう。今までの努力がすべて水の泡だ……」

そのような泥沼から抜け出すためには、従業員を引き止めるだけの制度ではなく、モチベーションを上げ、成果創出を促す評価制度をプラスしなければなりません。つまり、**「引き止め」と「成果創出」の双方に有効な仕組みをつくるのです。**

当然、その中には「降給」も含まれています。先ほど、降給によって従業員が退職するケースをご紹介しましたが、それはあくまで、従業員が人事評価に納得できなかったために起きた出来事です。「はじめに」で述べたように、給与が減ることだけが不満の原因ではありません。離職のリスクを減らし、適切な労働分配率になるよう人件費をコントロールするためには**「なぜ評価が下がったのか」という疑問が解消され、努力をすれば評価が上がると期待できるような制度づくりが肝要なのです。**

3 給与の「透明化」はどこまですべきか

◇他人の給与でモチベーションは大きく変わる

給与を減らしても、従業員が納得する理由を説明できるのであれば、不満は抑えられます。さらに「このような成果を出し、このランクの評価を得れば、給与がこれだけ増える」というルールを伝えることができれば、意欲がわいてくるかもしれません。

ただし、何もかもを白日のもとにさらす必要はありません。たとえば、「自分よりも高い給与をもらっている従業員が誰かを知れば、その人を目標にしたり、その人以上に成果をあげようと頑張るのではないか」

このような試みは、お勧めできません。以前、創業5年目の30人体制の会社がまさにそのような意図で全従業員の今期の給与を公開した結果、「ほぼすべての従業員からクレームが出た」といって、私のところに相談にきたことがあります。

詳しく話を聞いてみると、クレームの内容は次のようなものでした。

「あの人の給与額は成果に見合っていない、納得できない」

「上司は、部下の成果で評価されているのだから、高い給与をもらうのはおかしい。もっと部下の給与を上げるべきだ」

「営業と比べて、事務職の給与が低すぎる」

整理してみると、自分と異なる職種、役職、社歴の従業員の給与に関する不満がほとんどでした

異なる役職の業務内容や責任、会社における重要性などは、なかなか理解できるものではありません。その状態で給与額のみを知らされても、それが妥当かどうかは自分自身の物差しでしか測れません。「妥当ではない」という声があがるのは、当然の帰結といえます。

全従業員の給与を公開するのは稀なケースですが、ベンチャー系では職種別の給与レンジを公開している会社があります。ですが、これも公開範囲を誤ると、従業員の

不満を溜めることになってしまいます。

なぜなら、たとえ同じ職種であっても、上司と部下では仕事内容が違います。そして、部下は上司の仕事がどのようなものか、正確に理解することはできません。他の職種であればなおさらです。

そうなったとき、従業員はどのような行動を取るようになるか。

全従業員の給与を公開したケースでは、一部の従業員に次のような変化が見られるようになりました。

- 給与の高さが社歴に比例すると思い込み、会社に居座るために、成果をあげる努力よりも社内政治に没頭するようになった。
- 給与の高さが職種で決まると思い込み、全くの未経験であり、客観的に見ても適性はないと考えられるにもかかわらず、営業職への異動を上司に嘆願した。

他人の給与が「妥当ではない」と感じると、同時に、同じ制度が適用されている自分の現在の給与も妥当ではなく「不利益を受けている」という考えに至ります。すると、不利益を受ける立場から脱出するために、現在とは違うポジションに異動しようとして、働き方そのものを変えてしまうのです。

上司の給与はどれくらいか、他部門の給与がどうなっているのかを知りたがる従業員はいます。ですが、そうした情報は多くの場合、教えてもプラスの結果を生みません。ある会社では、そのような質問をする従業員に対して次のように答えているそうです。

「職種やグレードによって給与予算は違いますが、その情報を公開しても、かえって良い気持ちにならないことがあるので、あえて公開はしていません」

給与制度の透明化が社内で問題になった場合は、頑迷固陋《ころう》に「公開しない！」と拒絶するわけにはいきませんが、デメリットを招く情報公開については、慎重に検討を重ねる必要があります。

◇給与公開のメリットとデメリット

給与の公開によって生じるのは、デメリットばかりではありません。会社の状況によっては、メリットとして働く場合もあります。そこで、給与公開のメリットとデメリットを、状況ごとにまとめました。これらを参考に、自社の状況や、実現したいこと、実現してほしくないことを整理し、公開するか否かを検討してください。

【メリット】

・評価基準がすべて数値化されており、かつ同職種に対する給与公開の場合

➡自分より給与が高い人物をお手本とし、従業員が業務改善に努めるようになる。

・マネジメント層の増加が求められる経営ステージにあり、かつマネジメント層がプレイヤー層より抜きん出て給与が高い場合

➡プレイヤー層から「マネジメント層に昇進したい」と希望する従業員が現れる。

・優秀な従業員の給与水準が、業界の水準を大きく上回っている場合

➡この会社で成長すれば十分な給与が与えられると感じ、転職を考えなくなる。

【デメリット】

・評価基準が定性的で明確な数値化がされていない場合

⬇給与に対する納得感が低下し、会社への不満が溜まっていく。

・マネジメント層の成果が見えづらい場合

⬇プレイヤー層の不満が増え、給与に見合った労働（プレイヤー業務など）を求めるなど、マネジメント層への要求が増える。

・優秀な従業員の給与水準が、業界の水準を大きく下回っている場合

⬇従業員の転職意識が高まる。

・職種によって給与水準が大きく異なる場合

⬇給与水準が低い職種のモチベーションが低下したり、自身の能力や適性に関係なく給与水準の高い職種に異動するための努力を始める。

◆評価の仕組みを公開しよう

このように、給与の公開を検討する場合は、かなり慎重に進める必要があります。

ただし、給与に関わるすべてのルールを非公開にする必要はありません。むしろ、評価の仕組みについては、すべて従業員に公開すべきと考えています。

どのような働きや行動が評価の対象となるのか。昇給した同僚や先輩はどの部分を評価されたのか。それが明確になれば、キャリアアップの目標が明確になり、仕事に対するモチベーションが大幅に上がります。

ただし、それは従業員にとって「基準が明確でわかりやすい制度」であり、かつ「納得できる内容」でなければいけません。

では、どのような制度であれば従業員のモチベーションが高まるのか。次章から、その説明をしていきます。

第2章

従業員の納得度が高い人事評価制度をつくる

1 評価が明確でないと従業員のやる気は落ちる

◆給与計算担当者が泣き出した理由

本書の冒頭で、給与制度と人事評価制度の見直しと変更が必須であると述べました。ですが、制度を変更するだけでは十分ではありません。従来の評価制度にどのような問題があり、どう変更したのか。**評価制度の見直し・変更の目的が従業員にしっかりと伝わり、基準が明確でわかりやすく、納得できる内容であることが肝要です。**

ここで事例をひとつご紹介します。

入社4年目のAさんは、総務部門で給与計算を担当していました。真面目かつ几帳面な性格で、与えられた業務を丁寧に、間違いなく遂行する従業員です。

ところが、こんなことがありました。ある日、総務部長が会議から戻ってくると、就業時間から1時間以上が経っているにもかかわらず、デスクでキーボードを叩いているAさんの姿がありました。しかも、目に涙を溜めながら。

部長は「何か深刻なトラブルが起きたのか」とAさんに尋ねました。Aさんは「なんでもありません」とかぶりを振りましたが、明らかにいつもと様子が違います。何度かその声掛けを繰り返すと、ついにAさんは仕事の手を止めて、絞り出すような声で言いました。

「私の今期の月給が下がり、Bさんよりも1000円少なくなったのは、なぜですか？」

Bさんは Aさんと同期で、同じ総務部に配属された従業員です。2人の給与は入社以来ずっと同額でしたが、給与制度が改定されたため、差がついてしまいました。そのことを、偶然、なにかの拍子でAさんは耳にしてしまったのです。

Aさんは今までと同じように、ミスなく仕事をこなしてきました。変わったのはAさんではなく、評価基準です。そうとわかっても、Aさんは納得できませんでした。なぜ自分の評価がBさんよりも下がったのか、同じように仕事をしているBさんと差がついた理由が何なのか、一人で悶々と考えて眠れない夜が続き、ついに今日、いつもなら定時までに終わる業務が片付かないほど、集中力が低下してしまったとのことでした。

部長はAさんにどのような言葉をかけたらいいのかわからず、ひとまず帰宅させました。翌日、Aさんから体調不良のため休むという連絡が入りました。

給与が下がった従業員はAさん以外にもいるため、たとえ表に出なくても、納得していない従業員が複数人いることは想像に難くありません。放置すれば、離職につながる可能性が高くなります。部長は事の重大さを認識し、社長にAさんの件を報告するとともに、給与が下がった従業員への丁寧な説明が必要ではないか、と相談をもちかけました。では、どのような説明をするべきでしょうか。

◇評価のあいまいさが従業員のストレスに

先ほどの事例では月給1000円減でしたが、仮にその金額が100円減であれば、不満は出なかったでしょうか？

答えは、ノーです。Aさんは100円減でも眠れない日々を過ごしたでしょうし、他の従業員も不満を抱くでしょう。

毎月の収入が1000円や100円減ったところで、ただちに生活が苦しくなるわけではありませんし、人生設計に大きな影響を及ぼすわけでもありません。それでも、従業員は疑念や不満を抱きます。金額の問題ではなく、自身の働きに対する評価が下がった理由――その評価が決定した経緯に対して、納得できないためです。

では、人事評価制度を示して「この制度に則って評価をした」と伝えれば万事解決でしょうか。

それも、違います。制度に則った評価であっても、それが従業員の評価と一致しない場合は不満が残ります。

なぜ一致しないのか。その原因の多くは、評価基準のあいまいさにあります。たとえば「○○実現のための努力をした」では、具体的にどのような行動をして、どれくらいの結果を出せば評価されるのかがわかりません。「今期の成果なら、昇格できるはず！」と期待していたのに据え置きになれば不満に思いますし、「前期と同じ成果しか出せなかったから、昇格は無理かも」と諦めていたのに昇格してしまったら、何を評価されたのかわからず、しっくりきません。評価をする側とされる側で不一致が生じると、従業員に大きなストレスがかかるのです。

それでは**内容を具体化し、数値化すればいいのか。ここにも落とし穴があります**。第1章で挙げたコールセンターの事例を思い出してください。対応件数や時間など、評価基準が明確な数字で示されていても、現場の状況にそぐわないものであったため、離職率が上がってしまいました。

どのような人事評価制度をつくればいいのかは、これからご説明します。ここでは、従業員が自分の給与に不満を抱いたとき、それは**金額が問題なのではなく「自分の働きがどのように評価されたのか」という根拠が明確でないこと、納得できないことが原因であると、覚えておいてください**。

◆コロナショックで働き方は劇的に変化した

評価制度を見直さなければならない、評価基準をあいまいにしてはいけない理由の最たるものが、コロナショックによる働き方の変化です。2020年5月に1回目の緊急事態宣言が出された際、企業に対するリモートワークへの移行が強く求められ、それは現在（2021年4月）になっても続いています。

その結果、「働く場所が職場から自宅になった」以上の、大きな変化が表れました。

部門によって程度の差はありますが、会社は基本的に、チームワークで仕事を進めます。実績や経験、能力に応じた基本的な役割は決まっているものの、不明点があれば後輩が先輩に質問してサポートを求めたり、先輩の業務が忙しいときは後輩が手伝いながら仕事のやり方を学んだり、トラブルが発生すれば全員で対応して早期解決を目指すなど、チームでの業務遂行が行われてきました。

これは「同じ時間帯に、同じ場所で、同じ目的の職務に専念する」環境があったからこそ実現していました。

リモートワークに移行すると（導入したツールによって機能の違いはあるものの）、この環境が大きく変化します。まず、離れた場所でも各人が確実に業務を遂行できるよう、個々の仕事の役割、権限、責任などがより明確になります。すると、先輩の仕事を「見て学ぶ」ことができていた場合では、それができなくなり、自分の役割を全うするためには自主的にスキルアップや創意工夫をしなければなりません。

また、自宅には配偶者や子ども、同居している両親などがいます。出社すれば家庭とは切り離されていましたが、**自宅にいるなら家事や育児、介護等に関わらないわけにはいきません**。家庭状況によっては、子どもや親が眠った夜更けに仕事を再開する、というスタイルになる従業員もいるでしょう。勤務時間が同じであっても、必ず全員がパソコンの前にいて業務に専念しているとは限らないため、自力で解決しなければならない事柄が増えます。つまり、**チームとしての能力ではなく、個人の能力や成果が、いっそう求められるようになるのです**。

このような変化に対し、企業経営者や従業員がどのように感じているのか。厚生労働省が行った「テレワークの労務管理等に関する実態調査」の結果（「これからのテレワークでの働き方に関する検討会　報告書」２０２０年12月）によると、それぞれがメリット・デメリットと感じた割合が多かったのは、次の項目でした。

【企業側　メリット】

- 従業員の通勤負担の軽減
- 自然災害・感染症流行時等における事業継続性の確保
- 家庭生活を両立させる従業員への対応・離職防止

【企業側　デメリット】

・できる業務が限られている
・従業員同士の間でコミュニケーションが取りづらい
・紙の書類・資料が電子化されていない

【従業員側　メリット】

・通勤時間を節約することができる
・通勤による心身の負担が少ない
・隙間時間などを有効活用することができる

【従業員側　デメリット】

・同僚や部下とのコミュニケーションが取りにくい
・上司とのコミュニケーションが取りにくい
・在宅勤務で可能な業務が限られる

また、リモートワークに移行した人々の大半が継続的な実施を希望していること、その時点ではリモートワークを実施していない人の中にも、リモートワークに興味を抱いている人が大勢いることもわかりました。

このような調査結果から、今後はリモートワークを採用している会社が「働きやすい会社」「労働環境が整った会社」と認識される可能性は高いでしょう。すると、その会社には優秀な人材が集まり、結果的に成長企業になると考えられます。

「コロナショックが終息すればリモートワークが終わり、元の働き方に戻る」という考えは捨てるべきです。もはや、そのような状況ではないのです。

◆リモートワーク導入で「努力」への評価ができなくなる

人事評価の軸となるのは、主に「成果」「能力」「態度」の3つです。みなさんの会社では、そこから、結果に至るプロセス、自己研鑽のためのスキル獲得や資格習得、業務ごとに定めたコンピテンシーや勤務態度などが、評価項目として並んでいるのではないでしょうか。

どのような成果を出したかは報告で把握できますし、資格の取得も証明書などで確認できます。プロセスやスキルは勤務時間の長短で数値化が可能であり、コンピテンシーや勤務態度は実際に勤務する姿を観察することで評価していました。つまり、従来の評価制度は目に見える成果や、数値で表せる「業務遂行能力」のみならず、チームへの貢献度や真面目に取り組む姿勢、若手の育成といった個人の努力まで評価する「情意考課」を含めて、定期昇給や賞与の増額などを行う仕組みになっていたのです。

このため、極端な表現をすれば、効率よく仕事を片付けて定時に退社する優秀な従業員よりも、要領や手際が悪い従業員のほうが残業手当が多くなり、収入が増えるという現象が起きていました。一見、筋が通らないことのように思えますが、あまり問題視されることはありませんでした。同じ場所で働いている仲間だからこそ「慣れない作業に手間取ってしまい、残業して必死に仕事を片付ける姿」を目にすると、「努力している」「頑張っている」と好意的に受け止める傾向があり、マイナス評価を下しにくい文化が形成されていったのです。

ところがリモートワークに移行すると、そうした**「個人の努力」が見えなくなり、「成果」がより鮮明になります**。たとえば、多くの従業員が2～3時間で終わる作業に、ある従業員だけが4時間以上も費やしていたら、上司は「なぜこんなに時間がかかったんだ」と訝《いぶか》しむでしょう。慣れない作業だった、家の事情があったなど、時間がかかった理由を説明しても、その風景が見えなければ「他のみんなは3時間以内に終わらせている」という事実が優先されてしまいます。

そして、それは部下側も同じです。誰がどのような成果を出したのか、仕事のプロセスが見えないぶん、結果のみが印象に残るようになり「あの人は自分より30分も早く終わらせている」と、能力の差を実感するようになります。そこで「自分ももっと工夫できるはずだ」と自助努力するようになれば、作業が遅い相手に対して「努力が足りない」「勉強不足ではないか」と、マイナスの評価を下すようになります。

従来型の評価を困難にする要因は「努力している姿が見えない」だけではありません。出社して働くというスタイルでは、休憩時間の雑談や、移動時の何気ない会話などによって、日常的にさまざまな情報が共有されていました。たとえば――

「この前のK社とのトラブル、新しく担当になったI君が深夜まで対応したおかげで、致命的なダメージは回避できたらしい。部長は〝よく頑張ってくれた、引き続き担当してもらいたい〟と思っているみたいだ。K社は難しい相手だし、I君は意外と粘り強い対応ができるみたいだから、任せたい気持ちはわかるな」

このような会話があちこちで行われていたら、どうでしょうか。

「トラブルを起こしたI君の努力」と、それに対する「部長の評価」が自然に職場内に浸透していき、最終的には大多数が部長の評価を肯定する雰囲気になると思われます。

しかし、リモートワークでは、このような雑談、会話がありません。

業務分担がはっきりしているため必要最低限のコミュニケーションしか行われず、そのやりとりすら、会話ではなくメールやメッセージなどの文字による伝達が主になります。

I君は、上司に対してトラブルの原因と、どのように対処したかを明確に伝える義務があります。部長はI君がトラブルを起こしたことを認識しつつも、彼の粘り強い対応が会社の損害を軽減させたことを知り、その努力を評価したいと思うでしょう。

しかし、それらの情報は「業務を進めるうえで不可欠な情報」ではないため、他の社員には伝わりません。伝わるのは、次のような事実だけです。

「K社の担当がI君に変わった途端、重大なトラブルが起こったが、最悪の事態にはならなかった」

「部長はそんなI君を、担当から外していない」

これでは、部長がどのような基準で部下を評価しているのか、まったくわかりません。

優秀な従業員から「成果を出さなくても評価されるなんて、納得できない」「評価基準が不明瞭だ」という不満が噴出したり、モチベーションが低下してしまう恐れがあります。努力をしている姿が、見えない。

上司が、部下の努力を評価しているという事実が、伝わらない。

環境が大きく変わってしまった状況で、情意考課を含めた従来の評価制度を運用しようとしても、うまくいくはずがないのです。

◆「自分はこんなにも評価されている」と実感させよう

あいまいな評価基準では「どうすれば評価が上がるのか」が判断できないため、従業員が不満を抱き、ストレスの要因になってしまいます。ただし、数値目標化しやすい成果のみを評価の対象にすると、それが裏目に出てしまう可能性があります。

たとえば、次のような内容です。自分が成果を出すことのみに注力して、他の従業員から協力を求められても断る。新しい仕事を任せようと水を向けても、すぐに成果が出ないような業務であれば拒否する。そうなると保守的な行動や考え方が広がり、全体の業務の流れが滞るかもしれません。

また、率先して電話対応をしていた、朝早く出社して掃除をしていた等、評価項目に含まれなくとも業務の円滑化や環境整備に貢献してくれた従業員のことは、リモートワークになっても評価したいと思うはずです。

では、どうするか。対策は2つあります。

ひとつは**「会社が従業員に対して求めている行動や考え方」を明確にし、実践している従業員を評価する制度をつくることです**。また、業務の円滑化や環境整備への貢献として挙げられることも変わってきています。以前でいえば「掃除」「電話対応」など、リモートワークでいえば「議事録の作成」「他部門への連絡・依頼係」「クラウドサーバー内のデータ整理・保管」等が考えられます。考え方や行動、態度などの評価基準はあいまいになりがちですが、それらの基準に具体的な数値を付加すれば、評価基準を定量化できます。具体的な方法については、この後、詳述します。

もうひとつは、**数値化が難しい場合、従業員の行動や考え方に対してフィードバックを行う方法です**。これまで定期的に行っていた部下との面談は、オンライン会議システムなどを活用すれば、リモートワークでも可能です。

面談では、部下の行動や考え方を上司としてどう感じているか、またはどのように改善してほしいかを、具体的なエピソードを取り上げて伝えます。すると、部下は「自分の働きをしっかり見てくれている、正しく評価されている」と、実感できます。

たとえば、次のような声掛けです。

「この案件がスムーズに進んだのは、先週の◯◯に対する素早い対応のおかげだ。これからもその迅速さを心がけてほしい」

「取引先に対して◯◯を第一とする姿勢は、当社の営業理念を体現するものだ。□□に対しても、同じ姿勢で臨んでほしい」

「君の◯◯は一部の顧客から好ましくない評価を得ているようだから、今後は□□というふうに改めてほしい。そうすれば、もっとうまくいくはずだ」

そうして面談とフィードバックを積み重ねていき、総合評価ではそれまでの面談内容をおさらいしながら行動や考え方に対する評価を述べれば、納得度が増すでしょう。

リモートワークという努力する姿が見えない環境であっても、評価基準を定量化したり、面談によるフィードバックなどによって従業員の努力を評価し、本人が「自分の考え方や行動は評価されている」と実感できる制度をつくることができるのです。

2 人事評価制度の全体像を知ろう

◆3つの制度が三位一体となったもの

ここまでご説明したように、評価制度は従業員にとって「納得感」があり、こちらが望む行動を促す仕組みでなければなりません。これは評価制度の作成に着手する前に、しっかり認識しておきましょう。

従業員に納得感を感じてもらうためには、次の3点を明確に伝えなければなりません。**①どんな人材になれば、②いくらの給与が得られるようになり、③どうすればその人材になったと評価されるのか**、です。

すると「40代までに年収○○円になりたいから、□□な人材だと認めてもらえるように、△△を身につければいいんだな」と、自身のキャリアプランが明確になり、評価に対する納得感が向上します。

そして、この3点を明確化したものが、次の3つの制度です。

①等級制度、②報酬制度、③評価制度

評価制度のみを人事評価制度と考えるケースもありますが、本書では、この3つの制度が三位一体となったものを人事評価制度と呼んでいます。

もう少し具体的にご説明しましょう。

①【等級制度】どのような従業員を「理想的な従業員」とするかを定義づける

組織には係長、課長、部長などの役職が存在し、それぞれに求められる役割は異なります。その役割を実現するために必要な能力や達成すべき成果、負うべき責任のレベルや大きさを表したものが等級です。等級制度は、「一般社員と主任では何が違うのか?」「どうすれば課長から部長になれるのか?」という疑問に、能力、成果、責任範囲などを含めて具体的に答えられるよう作成しなければなりません。

②【報酬制度】「理想的な従業員」がいくら報酬を得られるかを定める

評価結果および等級に基づく給与額を設定します。業務内容や個人の成果、役割、能力に応じた「成果給」「役割給」「職能給」などがあり、これらを選択あるいは組み合わせて給与とするのが一般的です。何を重視するかは、第1章の〈「成果」「成長性」をみて給与をあてがう〉(24ページ)で述べたように、会社の経営方針に沿って設計します。

③【評価制度】「理想的な従業員」にどれほど近づいているかの目安を示す

会社の経営理念や経営計画の実現には、目指すべき組織像と人材像の明確化が必須です。評価制度はそうした組織像や人材像を実現するため、従業員がどのような姿勢で仕事に取り組み、どのような能力を身につけ、どれくらいの成果を出すべきかを定めて、従業員一人ひとりに対して「どこまで達成できたか」を評価します。評価の結果は、昇格や昇進などの等級に影響するとともに、給与に反映されます。

さて、これらの制度設計は、会社の存在意義や存在価値を表す「経営理念」や、それを実現するための「経営計画」、そして経営計画を達成する理想の組織や人材に関する考え方を表した「人事ポリシー」が土台となります。

そもそも、なぜ従業員を雇い、育てるのか？

それは、経営計画の達成に必要な人材を育成し、経営理念を実現するためです。つまり、人事評価制度設計の前段階には、経営理念や経営計画、人事ポリシーの明確化があると考えてください。

経営理念の実現のためにどのような経営計画を立てるべきか？　その経営計画を遂行できる組織体制とはどのようなものか？　各部門には何名の幹部が必要で、どのような人物を配置するべきか？　将来的に幹部まで昇進してもらうためには、従業員にどのような考え方や行動を希望するべきか？

このようなビジョンがあって、はじめて等級制度、報酬制度、評価制度は作成可能になります。前職の制度を流用したり、他社の制度をまねただけの人事評価制度がうまくいかないのは、自社のビジョンと合致していないため、従業員にとって納得できない制度になっているからです。

◆「納得感のある人事評価制度」には大きな効果がある

これまで何度も「納得感がある」「納得できる」という言葉を用いてきました。この「納得」は、非常に重要です。

会社がどのような従業員を理想としていて、その水準に達すると年収がいくらになるのか。これを明示できるようになると、3つの効果が見込めます。「採用力の強化」「従業員の成長意欲の向上」「離職防止」です。

①採用力の強化

求める従業員像と年収が明確になれば、採用に関する業務が「募集」「決定」の2点においてスムーズになります。

求人票の募集要項を見ると、次のような表記をよく目にします。

「営業職：月40～70万円（能力・経験に応じて決定）」

このようなあいまいな内容では、求職者は自分の月給がいくらになるのかわからないため、応募を躊躇します。しかし、従業員像と年収が決まっていれば、具体的な能力と給与額を明記できます。

「○○の営業経験が○年以上ある：月収□□万円」

これなら、自分のスキルや経験、求める報酬と合致した求職者は、積極的に応募するでしょう。会社が求めている人材に近い求職者が集まるため、ミスマッチも減少します。

さらに、面接時にも「当社はこのような能力を持つ人材を求めており、この水準の従業員に、これだけの給与を支払っています。あなたはどこまで可能ですか？」「経験の浅い社員には積極的に仕事を教えることが求められますが、問題ないでしょうか？」と、具体的な交渉ができるようになります。すると、求職者側も「私はその水準に達しています」「その水準には届いていませんが、ここまでの実績があります」と、こちらが知りたい回答を出してくれるため、採用・不採用の判断がしやすくなります。

②従業員の成長意欲の向上

理想の従業員像と年収が明確であれば、そこに到達するまでの各等級の基準と年収も設定しやすくなり、整合性が生まれ、従業員の納得感が上がります。

たとえば「年収を50万円増やしたい」と思った場合、等級をいくつ上げなければいけないのか、その基準に到達するにはどのようなスキル、成果、能力を身につける必要があるのかがハッキリ見えるため、**内発的動機付けが形成されやすくなります。**課長や部長への昇進を目指すのであれば、自身のスキルアップはもちろん、部下にどのような成果を出させればいいのかもわかるため、マネジメントの学習目標が定まり、早々に自己修養に励むでしょう。また、その間の年収も明示されているため、**安心して生活設計を立てることができ、目標達成への意欲がいっそう高まると考えられます。**

③離職防止効果

人事評価制度をもとに入社1年目、5年目、10年目などの年収モデルを作成すれば、1年目の従業員が給与額に不満を持ったとしても**「5年目でここまで増えるなら、もう少し頑張ってみよう」と、離職を思い止まる可能性が高くなります。**

また、会社が求めている能力がわかるため「5年後もこの会社にいるってことは、少なくともこのスキルは身につけておいたほうがいいな」と、意欲が低い社員に対しても、ある程度のスキルアップを促すことができます。

具体的な作成方法は後ほど詳しくご説明しますが、まずは、**従業員にとって納得感がある人事評価制度の作成は、会社にも大きなメリットをもたらす**のだと覚えておいてください。

◇人事評価制度が社内に浸透するまでの流れを理解する

新たに作成した人事評価制度は、まず、**試験運用を行います**。たとえば仮の目標設定をして上司に評価をさせてみる、5年後や10年後の人件費を試算してみるなど、3カ月程度かけてさまざまな検証を行い、課題を抽出し、一つずつ解決していきます。ブラッシュアップが終われば、新しい人事評価制度の完成です。

次に、**マネージャー層を対象に研修を実施します**。制度の説明のみではなく、マネージャー専用のハンドブックやマニュアルを作成し、評価面談や目標設定会議のワーク、またはロールプレイなどをプログラムに組み込めば、実践につながりやすくなるでしょう。業務の都合等で欠席したマネージャーには、同じ研修を後日開催して受講させる、研修の録画を見てレポートを提出してもらうなど、受講状態の管理も大切です。また、制度の内容を正確に理解できたかどうか、習得状況を把握する方法についても検討しておくといいでしょう。

その後、**一般社員向けのハンドブックを作成し、説明会を開催します**。ポイントは、従来制度が抱えていた課題と改善の必要性、そして新制度が従業員にどのようなメリットを与えるのかを、具体的に伝えることです。制度に対して不服を唱える従業員に対しては、マネージャーが個別に説明をして解決を図ります（新制度によって不利益を被る従業員に対しては、あらかじめ不利益変更の同意書が必要になるケースもあります）。

そうして全従業員に新制度の内容が浸透した後、**本格運用に入ります**。評価に関わる業務を積極的に行ってもらいたい場合は、マネージャーの評価項目に「評価面談の実施率」を組み込めば、運用の促進が期待できるでしょう。

制度をつくり、運用を開始しても、それで終わりではありません。一定期間をおいて制度を見直し、課題を抽出して改善し、改善した制度を試験運用してから周知させて……というPDCAを回して、従業員の「納得感」を維持しなくてはなりません。

大まかには「制度認知」→「目標設定」→「面談」→「評価」→「給与改定」→「制度改善」→「試験運用」→「制度認知」→「目標設定」……というサイクルを繰り返すことになります。会社によって異なりますが、試験運用に3カ月、本格運用を1年から2年程度続けた後、3～6カ月かけて制度の見直しを行うケースが多いようです。

「給与改定をどれくらいの頻度で行うべきか？」という質問を受けることがありますが、それは目標設定と評価のタイミングによります。たとえば、1年間の目標を設定して年度末に評価する、四半期ごとの目標を設定して半年ごとに評価を行うなど、会社によってさまざまです。

1年間のうち目標を何度も変更する必要がなければ、給与改定は年に1回で問題ないでしょう。数カ月に一度、状況に合わせて目標を変更する必要があれば、改定の頻度を高めることになります。

ただし「3カ月に1回の給与改定」は、お勧めしません。改定内容によっては年金

評価スケジュール表の作成例

			制度構築			試験運用			本格運用																		制度改善			試験運用			本格運用	
			○○期						○○期												○○期												○○期	
			10月	11月	12月	1月	2月	3月	4月	5月	6月	7月	8月	9月	10月	11月	12月	1月	2月	3月	4月	5月	6月	7月	8月	9月	10月	11月	12月	1月	2月	3月	4月	5月
No.	カテゴリー	To do																																
	チーム発足	役割分担	●																															
	現状分析	給与分析	●																															
		ヒアリング	●																															
	方針決定	目的の決定	●																															
		改善方針の決定	●																															
	改善実行	制度の決定		●	●																													
		個別対応			●																													
		説明資料の作成			●																													
	制度認知	説明会の開催				●																												
		説明資料の共有				●																												
	目標設定	目標面談						●																										
		目標シート回収						●																										
	面談	1on1							●	●	●	●	●	●	●	●	●	●	●	●	●	●	●	●	●	●								
		面談結果回収							●	●	●	●	●	●	●	●	●	●	●	●	●	●	●	●	●	●								
	評価	評価面談													●						●													
		考課者承認													●						●													
		評価シート回収													●						●													
	給与改定	個人査定														●						●												
		給与賞与説明														●						●												
	制度改善	現状分析																									●							
		改善実行																										●	●					

事務所に対して随時改定（月額変更届）を行う必要があり、労務に関わる業務が増えてしまうためです。

随時改定が必要となるのは、次の3つの条件を満たす場合です。

（1）昇給または降給等により固定的賃金に変動があった。

（2）変動月からの3カ月間に支給された報酬（残業手当等の非固定的賃金を含む）の平均月額に該当する標準報酬月額とこれまでの標準報酬月額との間に2等級以上の差が生じた。ただし、2等級以上の差が生じなくとも随時改定となる例外がある。

（3）3カ月とも支払基礎日数が17日（一定の短時間労働者は11日）以上である。

制度の説明や運用は、明文化された制度をつくったあとに発生する課題です。**まずは制度構築に注力しましょう**。次節から、各制度のつくり方をご説明します。

3 等級制度をつくる

◇等級とは「一緒に働きたい従業員像のランキング表」

会社における等級とは、端的に言えば、組織に属する人間のランキング表です。

ランク付けされるのは気分が良いものではありませんが、入社1年目の従業員には10年目の従業員と同じ働きができないように、個々の能力や経験、実績によって遂行可能な業務は異なります。そのため、係長、課長、部長などの役職を設置し、そこに到達した者と到達していない者との間に上下関係を設けることで、組織における立場や責任を明らかにします。

このような組織構造は、多人数の現場で業務をスムーズに遂行するためには不可欠なものです。

「係長は、一般社員よりも◯◯力が優れているため、チームリーダーとして働く」

「課長は、係長よりも□□の責任を負うため、△△ができる人物でなければ務まらない」

このような差があるため、当然、等級に応じて給与にも差をつけます。

裏を返せば「このような人材になってくれれば、この等級に昇格して、これだけの給与を支払う」と、明確に、誰が見ても理解できるように表したものが等級制度なのです。ただし、明文化すればいいというわけではありません。すでに何度か述べた通り、その背景には必ず経営理念や経営目標、人事ポリシーがあります。

会社が何を目標とし、どのような組織づくりを目指して、そのためにどのような人材を必要としているのか。

各等級の基準は、このビジョンに沿った内容になっていなければなりません。人事ポリシーと等級制度に一貫性が見出せなければ「言っていることとやっていることが違う」と、会社に対する信頼度を大きく下げることになるでしょう。

従業員が人事ポリシーを理解し、理想の人材に成長することで、会社と従業員が互

恵的な関係になる。等級制度はそのための道標なのです。

◇会社をゴールに到達させる最高のメンバーを考えよう

等級一覧は組織に属する人間のランキング表であり、従業員が理想の人材に成長するための道標であるとともに、会社にとっては「このような役割を担い、成果を出してくれる人材がそろえば、経営理念を実現できる」という、最高のメンバーによって構成された理想の組織像でもあります。

そこで、まずは経営計画をもとに、**組織図の見直しを行います**。

- ☑経営計画の遂行にはどのような部門が必要か？
- ☑各現場をうまくコントロールするためには部長、課長、係長、主任などの役職と一般社員が、それぞれ何名必要か？
- ☑人事評価制度をしっかり運用するためには、各部門に何名の管理職を置くべきか？

組織図が決まれば、**理想の人材を次のようにイメージしていきます**。

☑管理職になる人材は、どのような成果を出せる人材であるべきか？

☑その成果を出すためには、どのような能力を持ち、どのような態度で部下を率いていくべきか？

☑その部下はどのようなスキルを習得していることが望ましく、どのような姿勢で仕事に取り組み、どれくらいの成果を出すべきか？

このような青写真を一つひとつ思い描き、書き出してみましょう。

組織図と各役職のモデル人材のイメージが固まれば、次は、**育成期間について考えます**。従業員の成長過程を時系列で考えて、社歴と連動した各段階における役割を〝見える化〟するのです。たとえば——

「入社して1～3年目は仕事を覚えることに専念してもらい、4～6年目には主任や係長として現場をまとめ、7年目からは管理職に就いてマネジメントに取り組んでほしい」

このような場合、仕事を覚えることに3年かかるなら一般社員の等級を段階に設定するなど、育成期間にあわせて等級を設定する方法もあります。

次に、モデル人材をもとに、**昇進するために身につけてほしい能力やスキルを段階的に整理します**。「2年目はここまで成長してほしい」「3年目にはこうなっていてほしい」というキャリアパスをつくります。これが等級基準になります。

このような手順で、各等級の等級基準を決めていきます。ただし、これを社長一人で行うのは困難であるため、通常はプロジェクト化し、人事部の採用や教育の担当者、現場で大きな影響力を持つ従業員などを巻き込んで進めていきます。詳細は第5章でご説明します。

◇「安心して仕事を任せられる従業員」をイメージしよう

「何を重視したらいいのかわからず、等級基準がうまくつくれないのです」

このような方には、次のような質問をします。

「どんな人なら、安心して〝部長になってください〟と言えますか？」

等級制度をつくる、等級基準を設定すると言えば難しく考えがちですが、すでにご説明したように、等級とは一緒に働きたい従業員像のランキング表ですから、まずは「安心して仕事を任せられる部長」「主任になってもらいたい人物」というモデル人材をイメージしてください。

たとえば――

「部長は、部下からの信頼が厚く、目標達成に向けて担当部門を力強く統率できる人物。業務に関わる専門知識に精通しており、業務計画立案や業務管理を問題なくこなす能力がある」

「主任は、部下の育成指導を行うとともに売上の推移を把握し、課題解決の提案もできる人物。商品やサービス、制度を熟知しており、苦情処理や事故処理を適切に行うことができる」などです。

そして、その人物が出している「成果」「能力」、仕事に取り組む「態度」とはどのようなものかを考え、具体的に挙げてみましょう。

先ほどの例でいえば、次のようになります。

部長の等級基準

成果：担当部門の目標達成、生産性向上。

能力：部門の業務計画立案・業務管理、部下や他部門とのコミュニケーションが取れる能力。

態度：広い視野で現場を観察し、課題発見時は迅速かつ細やかに対応する。

主任の等級基準

成果：個人目標およびチーム目標の達成。

能力：豊富な商品知識および関連知識、後輩への指導力、適切な苦情・事故処理能力。

態度：チームリーダーとして計画的に目標達成に取り組み、チームワークの向上に貢献する。

具体的なイメージが思い浮かばないときは、**現在在籍している優秀な従業員をモデルにする**という方法があります。本人とその上司にインタビューを行い、同年代の従業員や同僚と比較して優れていると感じる「成果」「能力」「態度」をピックアップすることで、その従業員が優秀である所以が浮かび上がってくるはずです。

ただし、能力や成果が突出している従業員をモデルにすると、等級基準が厳しくなりすぎて従業員のモチベーションが下がってしまう恐れがあるため、注意してください。

「態度の良し悪しだけではなく、仕事に対するモチベーションを上司にしっかり把握させて、悪い方向に向かわないようリスクマネジメントをさせたい」

コロナショック以降、このような相談が増えました。リモートワークになじめないサラリーマンが、うつ病になってしまうケースがあるようです。

次に上司側を考えてみましょう。

そのような場合、まず自社が考える「優秀な上司」の基準を明確にします。

たとえば、「部下のコンディションをこまめにチェックし、パフォーマンスを引き上げられる上司」「部下に目標を達成させる上司」「前向きなフィードバックをして気持ちを上向かせることができる上司」などです。そして、その基準をもとに「成果」「能力」「態度」を整理してみるといいでしょう。

◆「信頼できる従業員」の定義①
自分のポジションを全うしてくれる

「営業部の主任になってほしい従業員とは、どのような人物ですか？」

そう尋ねると、多くの社長はさほど迷わず、次のように答えます。

「月○○以上の売上を、安定的にあげてくれる従業員」

「売上目標を達成してくれる従業員」

明確な回答ですが、その基準に納得しない幹部もいるでしょう。そもそも「○○になってほしい従業員とは？」「安心して○○を任せられる従業員とは？」という質問自体、少しあいまいに感じるかもしれません。

そこで、もう一段掘り下げて、次のような質問をしてみます。

「自分のポジションを全うしてくれる営業部の主任とは、どのような人物でしょうか？」

すると、ほとんどの社長はいくらかの時間、考え込みます。

安定して売上を出すことができる従業員には優れた営業力が備わっているため、現場のリーダーとして活躍してくれるに違いありません。しかし、主任であれば、一定の成果を出しつつ、部下の育成・指導にも貢献してもらわなければなりません。営業力だけではなく、部下とのコミュニケーション能力や、他人の能力を伸ばす教育力が求められるのです。

もちろん、従業員の育成方法は会社によって異なります。「手取り足取り教えるのではなく、リーダーとして優れた成績を出して部下を刺激し、力強く牽引してほしい」と望むケースもあるでしょう。その場合は、難しい大型契約に果敢に挑戦する姿勢や、新人の手本となるような高いリテラシーを有していることなどが条件となります。

その役職に就いた人間が行うべきことは何か？

人事ポリシーと照らし合わせて、そのイメージを固めてみてください。

◆「信頼できる従業員」の定義❷ 周りに良い影響を与えてくれる

ある社長は、先ほどの質問にこう答えました。

「安定的に売上をあげていて、部下の教育も熱心にしているのは、A君だ。彼なら、安心して主任を任せられる」

そこに、私はさらにもう一つ、質問を重ねます。

「A君は、周囲に良い影響を与えてくれていますか？」

すると、再び考え込んでしまいました。

A君は自分の成功体験から独自のノウハウを構築したらしく、部下にそれを伝えることで、売上向上を実現しました。しかし、同僚のB君をライバル視しているためか、B君にはそのノウハウを伝えていないようです。また、最近は他の従業員が長年アプローチをかけていた営業エリアに入り込み、いわゆる「顧客を奪う」行為も目立つという話もありました。本人と部下は成長していますが、それ以外の他者への貢献がみられないのです。

一般社員なら、まずは自分が成果を出すことを第一にしてもよいでしょう。部下ができたときは、自身の評価を上げるため、部下に成果を出させることに注力しても問題ありません。

しかし、主任であれば、自分の成果につながらなくても、チーム全体の成長を促すための努力を期待したいところです。

もし、同僚の主任に対して自身のノウハウを伝えたり、自分の業務を終えた後に積極的に他人の手伝いを行うなど、周囲の人間がより働きやすい、成果を出しやすい環境づくりに貢献してくれる従業員がいれば、どうでしょうか。A君とその従業員、どちらが主任にふさわしいと言えるでしょうか。

どのような従業員を信頼し、「この役職を任せる」と判断するのか。さまざまな角度から掘り下げて、社内でしっかり検討し、詰めていくことが大事です。

◇人事ポリシーの何を最重要視するかで基準が決まる

自社における「仕事を安心して任せられる基準」とは何か。

人事ポリシーと照らし合わせて明確化し、その基準から外れないように等級制度を作成しなければなりません。各等級の基準は、人事ポリシーという一本の串でつながっていなければならないのです。

先ほど述べた、部長に求める「成果」「能力」「態度」は、もちろんすべてを満たすことが理想ですが、優先順位をつけるときに何を最重要視するかは「仕事を安心して任せられる基準」によって決まります。その優先順位によって、等級制度は次の３つに大別されます。

【職能等級制度】ビジネススキルが到達基準
【職務等級制度】成果が到達基準
【役割等級制度】役割が到達基準

営業部の主任の例であれば、

「能力」を重視するなら職能等級制度となり、顧客への提案力や販売士資格の有無などが基準になります。

「成果」を重視するなら職務等級制度となり、売上目標の達成率や受注件数などが基準になります。

「役割」を重視するなら役割等級制度となり、重要営業拠点の渉外担当を任せられるか否か等が基準になります。なお、役割は「態度」よりも大きな概念であり、「どの範囲までの仕事を、責任を持って遂行できる能力があるか」という判断になります。

◆「ジョブ型雇用」「メンバーシップ型雇用」と等級制度

近年「ジョブ型雇用」「メンバーシップ型雇用」という言葉を、よく耳にするようになりました。大企業やIT業界で、この雇用形態への移行が進んでいるためでしょう。「大企業がやっているなら、うちもジョブ型にしたほうがいいのかな……？」と考え始める経営者が増えてきているようです。

本節の最後に、この2つの雇用形態と等級制度の関係についてご説明します。

「ジョブ型雇用」とは、ひと言でいえば「この業務を行うために入社してください」という条件で採用する雇用契約です。一方、従来の新卒一括採用型は「我が社で活躍してください」という雇用契約であり、これを「メンバーシップ型雇用」と呼びます。

ジョブ型雇用では、従業員は契約書に明記された一つのポストに入ります。本人の同意がない限り他の職域や勤務地への変更はできません。社内異動が困難であるため、ポストに空席が生じた場合は外部から採用して補充することになります。

メンバーシップ型雇用では、従業員の能力や適性を鑑みて、会社の判断で人材の配置を決定します。成長の進行度や各部門の業務状況、空席状況などに応じて異動や配置換え、転勤を命じることが可能であり、ポストは固定しません。

今後、ジョブ型雇用に移行するのであれば、**各等級のモデル人材や等級基準は職種別に設定することをお勧めします**。たとえば、営業職と技術職の場合、求める「成果」や「能力」に大きな違いがあり、各々の平均給与額も異なるためです。各職種の専門性を反映した等級基準であれば、キャリアイメージがより鮮明になり、モチベーション向上効果が期待できます。

一方、メンバーシップ型雇用を継続する場合は、**全社統一の等級基準のほうが適しています**。なぜならば、職種別に等級基準を作成すると、他の職種に異動を命じられた従業員は、それまでとは異なる成果、能力、態度を求められることになるからです。さらに、その基準を満たせなかった場合は等級が下がり、減給になる可能性すらあります。そうなれば異動が大きなストレスとなり、「違う分野でも大いに活躍してほしい」という会社の意図に反して勤務意欲が減退してしまうため、等級基準の統一対応が必要となります。

4 報酬制度をつくる

◇報酬は高ければ満足するとは限らない

第1章で、「給与を上げるだけでは従業員の不満を抑えて転職を止めることはできない、給与が多すぎても満足度は上がらない」と説明しました。これは、ハーズバーグの二要因理論を根拠にしています。

二要因理論によると、仕事の満足感を高める要因（動機付け要因）と、不満をもたらす要因（衛生要因）は別であり、給与は衛生要因に含まれます。衛生要因は「整備や改善されていなければ不満を感じるが、改善されても満足感につながるとは限らない」ものです。一方、動機付け要因は達成感、承認、責任、自己成長などにつながるものであり、これらが高まるとモチベーションが上がります。

終身雇用制度が維持されていた頃、会社と従業員は「家族」のような一心同体の関係にありました。仕事のやり方を全く知らない状態で入社し、先輩や上司の指導によって徐々に会社の一員として成長し、任される業務や責任範囲が拡大していくにつれて給与が上がっていく。つまり、昇給と動機付けが連動される仕組みになっていたのです。

しかし、バブル景気の終焉とともに終身雇用制度は崩壊し、代わりに派遣社員をはじめとする非正規社員の雇用が進み、会社と従業員の関係性は「契約相手」に変わりました。「会社の一員として貢献する」という組織への愛着や帰属意識が薄れ、会社に対して「自分を成長させてくれるか」「自分の能力を正しく評価してくれるか」「労働に見合う報酬が支払われるのか」といった要望が強くなりました。契約上の義務を遂行すれば報酬を受け取るのは当然の権利であり、昇給すら、レベルの高い働きに対する正当な評価と認識されます。

より仕事での見返りが強くなってきているため、達成感や承認、責任、自己成長などの動機付け要因を重視したアプローチを行うとともに、給与は成果や成長性に見合った適切な金額を支払うことが、従業員の満足度の維持と人件費のコントロールを両立するためのカギと言えるでしょう。

成果や成長性に見合った「適切な給与額」って、どう判断すればいいんだ？

おそらく、そう疑問に思ったことでしょう。

その「適切な給与額」を見極めるポイントについて、ご説明します。

◆報酬を決める「3つの枠」と「8つのポイント」

報酬を上げ過ぎても、満足度はそれほど上がりません。一方で、業績悪化を理由に報酬を下げ過ぎれば、従業員から不満が出ます。上げ過ぎず、下げ過ぎず……その「適度」なラインを見極める判断材料となるものが、次の3つの枠と、8つのポイントです。

ひとつめの枠は、**従業員が個人の状況を鑑みたときに感じる満足度**です。これは「等級」「在籍期間」「年齢」「現在の給与」が判断材料になります。

ふたつめの枠は、**世間と比較して高いのか低いのかで判断したときの満足度**です。「業界平均」や「最低賃金」が比較対象になります。

3つめの枠は、社内における同僚との比較や従業員還元率などに対する満足度です。これは「人件費負担」や「同僚の給与」によって判断します。

以上、3つの枠でご紹介した、この8つのポイントは、次のように分類できます。

- **上げ過ぎても従業員の満足度上昇の効果が見込めないため、上限を設けるべきもの**
  ➡等級、在籍期間、年齢、現在の給与、業界平均
- **会社が支払うことができる上限値を設けるべきもの**
  ➡人件費負担、同僚の給与
- **会社が払わなければならない最低下限値**
  ➡最低賃金

たとえば、「年齢」や「在籍期間」に比例して「給与」が増えても、自身の成長を実感できなければモチベーション向上にはつながらないため、年数による昇給はある程度で留めたほうが賢明です。

また、そもそも人件費に投じることができる資金は有限です。「一部の優秀な従業員の給与が高すぎると他の従業員から不満が出たため、他の従業員の給与も上げよう」などと際限なく昇給を行えば、労働分配率が高くなりすぎてしまうため、長期的な視点で人件費負担の上限値は設けておくべきです。

「判断材料はわかったけれど、何を重視すればいいのか、どんな手順で決めればいいのかわからない！」

そうお思いになったなら、まずは現在の給与の把握と分析を行います。

次節から詳しくご説明していきます。

◆自社の「給与」について現状把握をしよう

自社の「適度な給与額」を決める第一歩は、全従業員の現在の給与をさまざまな角度から分析することです。

ただし、数字の羅列ではわかりにくいため、横軸を従業員の年齢、縦軸を年収や手当額などに設定し、現在の給与制度をもとにプロットして（点を置いて）、次のような

報酬制度の給与水準を決める

まず、決定するための事前準備として、以下の事項を実施する担当による報酬制度の解説、質疑応答を行う

■参考情報の共有

月収または年収の業界業種平均、職種平均。また、年齢ごとに求められる給与水準、最低賃金の情報を共有する。

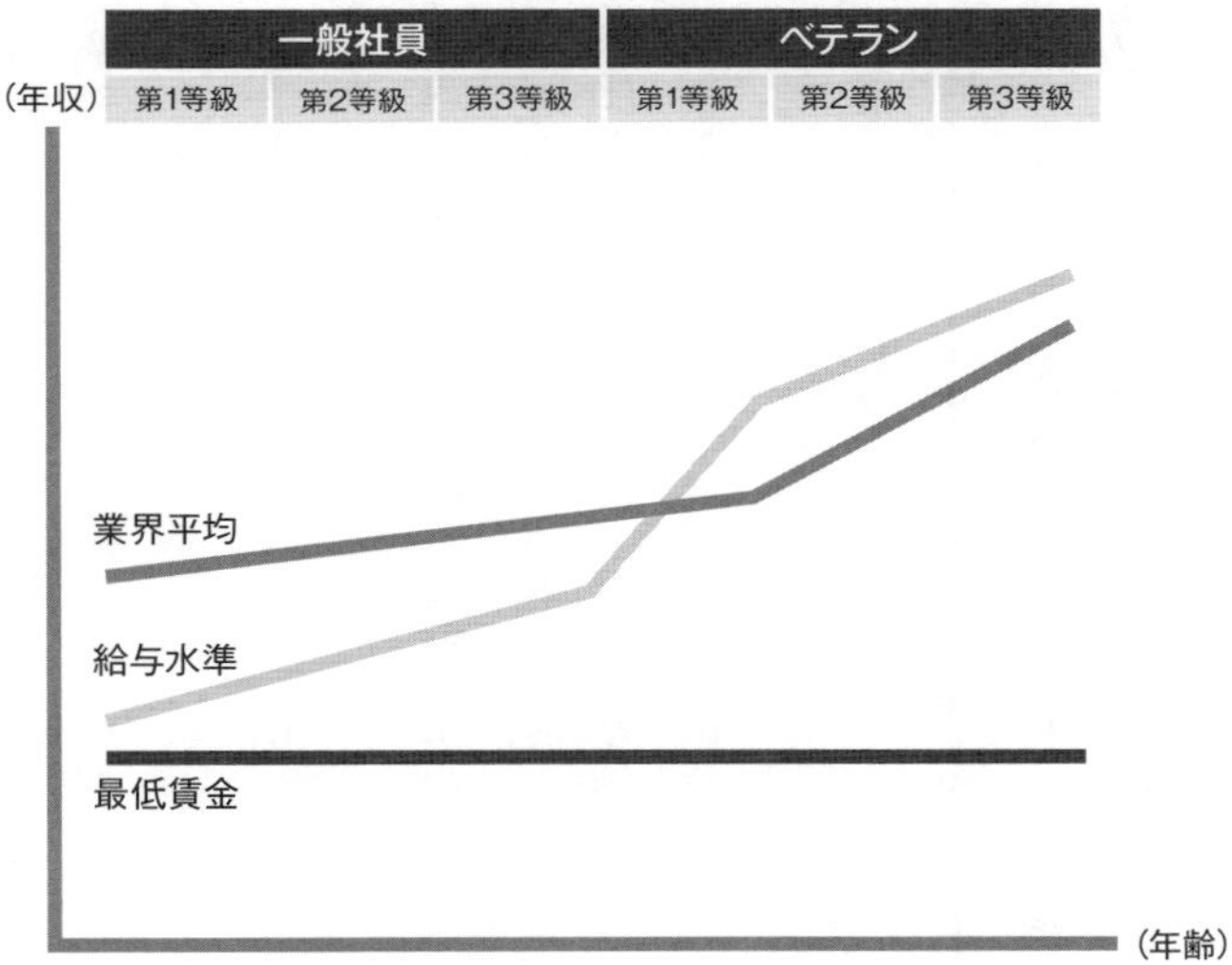

折れ線グラフを作成してみましょう。すると、現行制度の水準や課題が見えてきます。

- **年齢比較**：グラフの横軸を従業員の年齢、縦軸を年収額として、年齢ごとに個別年収をプロットしていきます。同じ年齢の従業員間の給与差や、20代から60代にかけての昇給額の上がり具合などを分析します。また、中央値から年代ごとの自社の給与水準がわかります。
- **手当別比較**：グラフの横軸を従業員の年齢、縦軸を平均手当額として、各年齢で支払っている平均手当額をプロットしていきます。年齢に比例して役職手当が増えているか、役割の重さや能力の高さに応じた上昇率になっているか等を分析します。
- **部門別比較**：グラフの横軸を従業員の年齢、縦軸を年収額として、各年齢の年収を部門ごとにプロットします。同年齢の給与差が大きすぎる部門がないか、年収や賞与の増加率に大きな差はないか等を分析します。
- **人件費・労働分配率分析**：グラフの横軸を年度、縦軸を割合（%）および金額として、過去3期分の労働分配率と人件費を時系列にプロットしていきます。労働分配率は業界平均と比較してどうか。労働分配率の高低と人件費の高低の関係などを分析します。

- **等級別比較**：グラフの横軸を従業員の年齢、縦軸を年収額として、各年齢の平均年収を等級別にプロットしていきます。同じ等級内の平均年収の差はどうか、等級の平均年収と年齢の関係はどうか等を分析します。
- **職種別比較**：グラフの横軸を従業員の年齢、縦軸を年収額として、各年齢の年収を職種別にプロットしていきます。同年代で職種による大差が生じていないか、業界平均と比較してどうか等を分析します。
- **業種別比較**：グラフの横軸を従業員の年齢、縦軸を年収額として、自社の各年齢の平均年収と、同業種の年齢別平均年収をプロットし、同年代・同業種の平均年収と比較して検討します。

グラフを作成して分析すると、これまで見えていなかった課題が浮上してきます。次の例を参考に、その原因を探り、放置した場合のリスクを認識して、対策を立てましょう。

「人件費・労働分配率分析を行ったところ、労働分配率が最も高い期と低い期を比較

しても、人件費が変わっていなかった」

➡賞与が会社の業績と連動していない。そのため「頑張って利益を出しても、給与が変わらない」状態になっており、利益増加への熱意が低下するリスクがある。賞与支給ルールの明確化が必要。

「等級別に比較した結果、同等級の平均年収が年齢に比例して上がっていた」

➡仕事の成果にかかわらず昇給が行われている。そのため、従業員の成長意欲が低下している恐れがある。職能給の見直しが必要。

「業種別に比較した結果、同年代・同業種の平均年収と比べて、自社の平均年収が大きく下回っていた」

➡同業種よりも想定年収を低く提示している、あるいは提示自体をしていない。そのため、パフォーマスが高い従業員は転職してしまう危険がある。同業種の平均年収を考慮に入れた報酬額の見直しが必要。

これらのことが考えられます。

◆支給方法を決めよう

給与の現状分析によって解決すべき課題がわかり、年収ベースで「適切な給与額」が見えてきたら、次は年収の構成要素を見直します。

①現在の給与を支給項目別に整理する、②人事ポリシーをもとに手当の見直しを行う、③支払いルールを決定する、の3ステップで進めていきます。

ステップ①　支給項目の整理

賃金には「給与」と「賞与」があり、給与には毎月決まった金額を支払う「所定内給与」と、残業代などの「所定外給与」があります。ここで見直すべきは、「所定内給与」です。

所定内給与には「基本給」「職務給」「役職手当」「各種手当」があります。現状の給与を、以下の分類で整理してみてください。

【基本給】生活給や年齢給など、仕事内容や成果では大きく変動しない給与

【職務給】職種や能力によって変動する給与で、等級と連動して金額が決まる

【役職手当】等級とは関係なく、役職に付随する手当

【各種手当】家族手当や住宅手当など、能力や成果とは関係なく支払われる手当

ステップ②　手当の見直しを行う

所定内給与の支給内容を分類したら、自社の経営理念や人事ポリシーと照らし合わせます。このとき、手当に注目すると、次のような疑問がわいてくるかもしれません。

「この手当は、目標達成につながるのだろうか？　今後も支払うことに、どんな意味があるのだろうか？」

「成果を出している従業員への手当は、はたしてこれでいいのだろうか？」

現行の手当の内容が人事ポリシーに合致しない、または支払うべき金額が適切ではないと感じたら、どのように改善すべきかを検討します。

たとえば、現在よりも成果に応じて昇給する制度にするのであれば、業務内容とは関係ない住宅手当や家族手当などを廃止し、役職手当を手厚くしたり、営業手当を新設するなどの変更が考えられるでしょう。

手当の配分を決定する

各等級の給与水準を構成する給与・手当を決める。高等級の一般社員は職務給を増額、低等級の 30 代社員は年齢給で調整、このように給与・手当の付与状況を加味しながら調整する。

ただし最終的には、既存社員の給与をサンプリングし、仮案を当てはめ、急激な昇給・降給がないか確認し決定する。

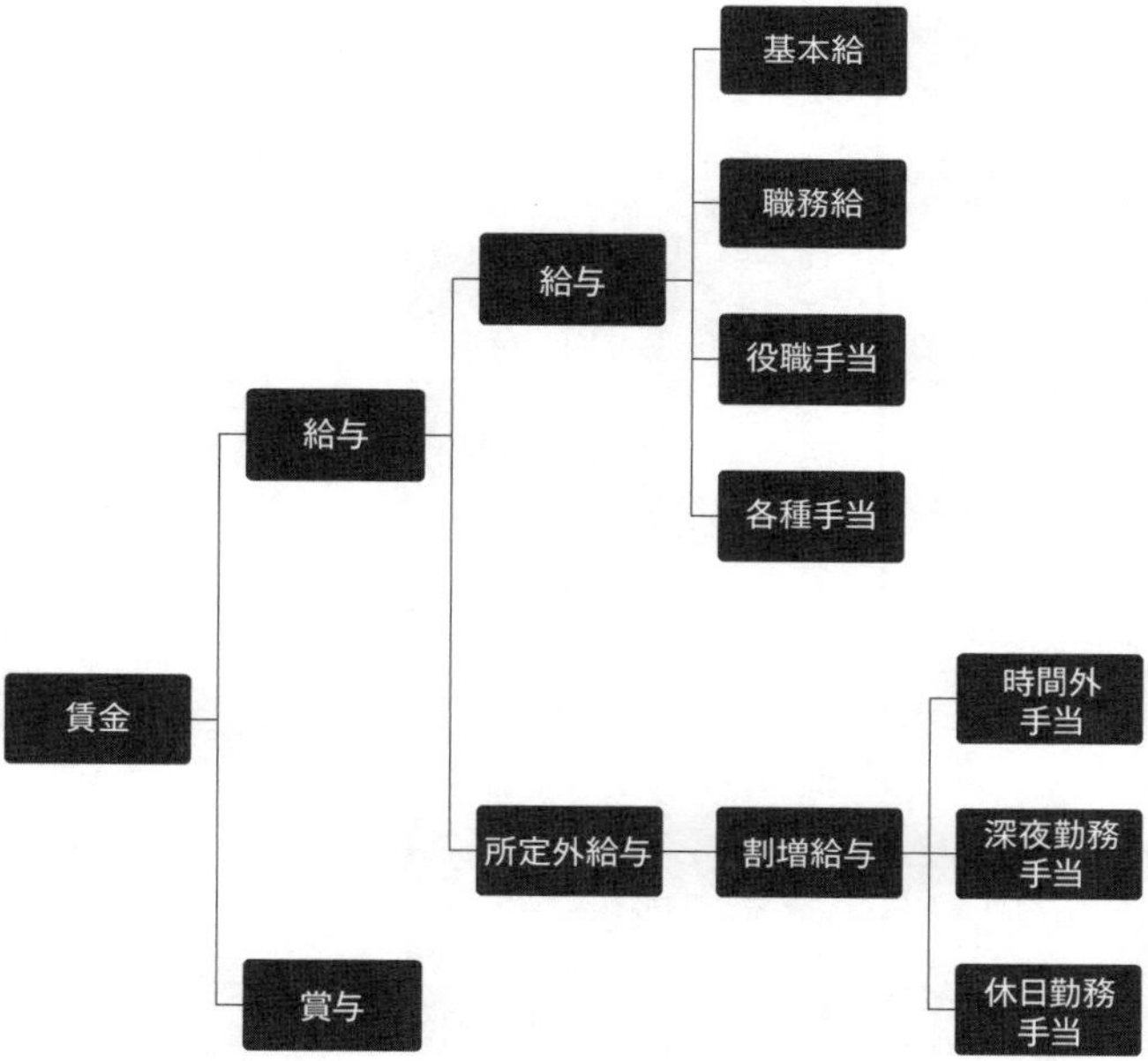

ステップ③　支払いルールを決定する

手当の変更とともに、その支払いルールも新たに設定し直します。

ポイントは次の2点です。

・どの手当を在籍何年間支給するか？

・どの手当をどの階層から支給するか？

近年は成果に無関係に支給される手当（家族手当、住宅手当など）が見直され、成果に応じた手当（役職手当など）を重視する傾向が強まっています。

ある会社では「一人前の従業員は成果のみで評価するが、育成期間中は一定の手当を支払う」という意図で、勤続手当の支払い期間を「入社後5年目まで」と限定し、そのぶん、役職手当を厚くしました。また「主任や係長はプレイングマネージャーとしての成果を重視する」方針にして、役職手当の支給開始を「課長以上」に変更した会社もありました。

「コロナショックで先行きが不安なため、人件費をコントロールしたい」「リモートワークで働いている姿が見えなくなったため、できるだけ成果を出してくれる従業員の給与を増やし、成果を出せない従業員の給与は抑えたい」という最初のニーズに立ち返れば、報酬制度は「成果に連動しないものを削っていく」を柱に、見直しを進めていくことが肝要です。

ただし、手当の廃止によって「急に給料が減った」と感じれば、従業員は不満に思い、モチベーションが低下します。そのため、急激な降給にならないよう工夫が必要です。

◆「基本給」にするか、「手当」にするか？

現在の給与と手当を見直し、人事ポリシーに沿った新たな支給ルールを仮構築したあとは、既存の従業員をサンプルに、仮制度を反映させた場合の給与額を試算してみましょう。

たとえば、入社3年目のAさんの月給は26万円、その内訳が、基本給23万円、住宅手当2万円、家族手当1万円だったとします。

新制度では、成果に結びつかない住宅手当と家族手当は廃止になりました。するとAさんの月給は3万円マイナスになるため、不満が出たり、転職を考える恐れがあります。

作成したモデル年収をもとに賃金テーブルを設定する

等級をさらに細かい号俸（ごうほう）という段階に分け、基本給・職能給の金額を当てはめていく。号俸数が多いほど、毎年少しずつ昇給できるため、在籍期間の長い社員に報いることができる。一方で、少ないほど、成長著しい社員が昇給するため、短期間で成果を出す社員に報いることができる。

等級	号俸	昇給額
第3等級 月収 280,000円	6号俸	＋2,000円
	5号俸	＋2,000円
	4号俸	＋2,000円
	3号俸	＋2,000円
	2号俸	＋2,000円
	1号俸	＋2,000円

等級	号俸	昇給額
第3等級 月収 280,000円	3号俸	＋4,000円
	2号俸	＋4,000円
	1号俸	＋4,000円

このマイナスを補う方法としては「基本給を増やす」「職務給を増やす」「既存手当の支給額を増やす」「新しい手当を創設する」などが考えられます。高等級の従業員であれば職務給を増額したり、役職手当を増やすことで調整できるでしょう。まだ職務給がつかない低等級の従業員なら、基本給で調整したり、新たに勤続手当や営業手当などをつくって支給する方法が考えられます。

等級内の「号俸」の変更も、解決策として有効です。号俸は一つの等級の中に複数の階層を設置して少額の昇給を行う仕組みで、「今期の成果では昇格には至らないけれど、努力を認めて昇給したいから号俸を上げよう」といった調整が可能になります。

賃金テーブルの例

（単位：円）

ステージ	等級	役職	基本給	号俸	職務給	職務給（差額）	小計	役職手当	合計
マネジメントステージ	M2	部長	230,000	7	230,000		460,000		560,000
			↑	6	220,000				
			上限	5	210,000				
			200,000	4	200,000	10,000	400,000	100,000	500,000
			下限	3	190,000				
			↓	2	180,000				
			170,000	1	170,000		340,000		440,000
	M1	課長	192,500	7	192,500		385,000		445,000
			↑	6	185,000				
			上限	5	177,500				
			170,000	4	170,000	7,500	340,000	60,000	400,000
			下限	3	162,500				
			↓	2	155,000				
			147,500	1	147,500		295,000		355,000
リーダーステージ	L1	主任	170,000	7	170,000		340,000		350,000
			↑	6	165,000				
			上限	5	160,000				
			155,000	4	155,000	5,000	310,000	10,000	320,000
			下限	3	150,000				
			↓	2	145,000				
			140,000	1	140,000		280,000		290,000
スタッフステージ	S3	一般社員	139,000	7	139,000		278,000		278,000
			↑	6	136,000				
			上限	5	133,000				
			130,000	4	130,000	3,000	260,000		260,000
			下限	3	127,000				
			↓	2	124,000				
			121,000	1	121,000		242,000		242,000
	S2		116,000	7	116,000		232,000		232,000
			↑	6	114,000				
			上限	5	112,000				
			110,000	4	110,000	2,000	220,000		220,000
			下限	3	108,000				
			↓	2	106,000				
			104,000	1	104,000		208,000		208,000
	S1		98,000	7	98,000		196,000		196,000
			↑	6	97,000				
			上限	5	96,000				
			95,000	4	95,000	1,000	190,000		190,000
			下限	3	94,000				
			↓	2	93,000				
			92,000	1	92,000		184,000		184,000

同等級内の号俸数が多ければ、毎年少しずつ昇給するため、長く在籍している従業員の安心材料となるでしょう。号俸数が少なければ昇給回数は減りますが、1段階上がったときの昇給額が大きくなるため、短期間で成果を出せる従業員のモチベーション向上に効果があります。

このように、幅広い年代、職種、役職ごとにサンプリングと試算を行い、現在の給与との差が開きすぎないように、給与と手当の支給方法・支給金額を調整して決定します。ブラッシュアップが終了したら、給与と手当の支給方法・支給金額を調整して決定し

※給与テーブルの内容は会社によって異なりますが、本書では基本給、職務給、役職手当、その他の手当から成るものを給与テーブルとします。

◆賞与は何を根拠に支払うのか？

給与と手当のルールが決まったら、最後に**賞与のルールを決めます**。

賞与には、経常利益に応じて支払われる「決算賞与」と、年収の一部として従業員

に認識されている「ボーナス」の2種類があります。賞与原資（賞与総額）や個別支給額の計算方法が異なるため、算出の根拠を明確にしておきましょう。

【決算賞与】

賞与原資は、経常利益に一定の掛率を乗算して算出します。この「一定の掛率」は、労働分配率などを考慮して決定します。

次に、賞与原資を部門ごとに振り分けた「部門賞与原資」をつくります。どの部門にどれくらい振り分けるかは、各部門の従業員の個人評価点（後に詳述します）を合算し、相対比較によってその割合を決定します。

個々の従業員に支給する賞与額は、部門内の個人評価の相対比較により、部門賞与原資を振り分けて決定します。なお、**企業によっては、賞与原資の根拠を利益ではなく、売上にしたほうが実情に合っていることもあります**。

【ボーナス】

賞与総額は「等級ごとに定めた賞与の総額×業績評価をもとにした掛率」によって

算出します。この掛率は労働分配率やモデル年収を考慮に入れて検討し、決定します。

個々の従業員に支給する賞与額の算出方法は、会社によって異なります。一例として、次のような計算方法があります。

個人賞与額＝等級別賞与額×業績評価掛率×部門評価掛率×個人評価掛率

「業績評価掛率」は全社の目標達成率、「部門評価掛率」は部門目標の達成率をもとに算出します。「個人評価掛率」は次節で説明する評価制度に応じます。

注意すべき点は、決算賞与は「業績が好調なときに支払われる」というイメージですが、ボーナスは一般的に「月収の○カ月分」という表現で賞与額を提示します。従業員としては受け取る金額が明確で「年収の一部として受け取るもの」という認識になっているため、利益が低下して止むを得ず賞与を減額した場合、不満が出る可能性があります。そのため、ボーナスの掛率は会社が継続的に出せる利益額や、その利益を出すための事業環境などを考慮に入れて、慎重に検討しましょう。

5 評価制度をつくる

◆「仕事を任せられると思える根拠」に応じた評価項目

「等級制度をつくる」で、各等級の基準を「成果」「能力」「態度」の3点で整理し、設定しました。これは、等級の到達基準です。ここに「到達したかどうか」を判断するための物差しとして、評価目標と達成基準を設けます。

評価目標には、MBO、コンピテンシー、KGI／KPIなどのカテゴリーがあります。

【MBO（Management by Objectives）】

・MBOは、個人またはグループごとに設定した目標の達成度を、個人で管理する方法です。

目標達成のためにどのようなタスクにどれだけの時間を費やし、いつまでにどのような成果を得るべきか。期日から逆算して実行計画を作成し、実際の行動や成果を記入することで、目標までの自身の達成度を可視化して把握する、一連のフレームワークを指します。

【コンピテンシー】

コンピテンシーとは、生産性の高い人材の行動特性のことです。成果を出すまでの行動や思考についてヒアリングを行い、「なぜそのような行動をしたのか」「その行動の結果どうなったのか」を把握し、その情報を共有して行動指針とすることで、従業員の成長と成果創出を促します。

【KGI（Key Goal Indicator）／KPI（Key Performance Indicator）】

ＫＧＩは、目標が達成されたか否かを判断する評価基準であり、ＫＰＩはそのプロセスの実施状況を定量的に計測する指標です。どちらも目標に対する進捗度を明らかにするため、具体的な数値で表すことが重要です。

たとえば、第3等級の到達基準が「売上目標の達成に貢献する営業力がある」なら、評価目標は「大型案件を獲得する」「商談率を上げる」などが考えられます。

さらに、現在の大型案件の平均売上金額、商談率などから「大型案件を何件獲得すれば目標売上金額をクリアできるのか?」「商談率を何%まで上げればいいのか?」を検討し、その結果を達成基準に落とし込んでいきます。たとえば「大型案件10件獲得」「商談率30%達成」などです。

目標を数値に表すのが難しいコンピテンシー(行動特性)の場合も、達成基準は必ず「□□の達成率△△%」「▲▲の資格取得」という具体的な数字や言葉に置き換えます。たとえば「提案力の向上」であれば「提案研修への参加率100%」「営業士検定：上級を取得」などが考えられます。

また、**リモートワークにおいて今後重視すべきは、従業員の精神面の把握です。**「等級制度のつくり方」で例に挙げた「部下のコンディションをこまめにチェックし、パフォーマンスを引き上げることができる」をマネージャーの到達基準とする場合、評価目標としては「定期的な1on1の実施」、達成基準として「実施頻度：週に1回」などが考えられるでしょう。

ただし、部下が抱える悩みは、目標達成への不安や仕事環境に対する不満、ときには私生活における悩みや今後のキャリアなど、さまざまです。年代や環境、状況によって異なるため、相手に応じて適切なテーマで面談しているか、多様なテーマに対して的確なフィードバックが行えているか等も重要です。

さらに、これまで一般社員の「勉強熱心な態度」を評価項目に入れており、リモート環境でも継続したい場合は、やはり数値目標に置き換える必要があります。たとえば、評価目標を「専門知識の習得」とし、オンラインのラーニングシステムを活用して、達成基準を「テストで○点以上の結果を出す」「テストを○回受ける」、または「□□のテーマの本を○冊読了し、レポートを提出する」なども考えられます。

ただし、次ページにて紹介していますが、数値目標化するうえで気をつけなければいけないことがあります。

数値目標にするための留意点・フレームワーク

「SMART な目標」とは企業や組織の最終目標を確実に達成するために用いられる目標設定の方法。SMART を使えば、的確な数値目標を設定できる。

要素① Specific（具体的に）

誰が読んでもわかるように、明確で具体的な表現や言葉で書き表す
例）6カ月後までに、週8件の新規訪問を行い、売上成績を1.3倍伸ばす

要素② Measurable（測定可能な）

本人にも上司にも判断できるように、目標の達成度合いの内容を定量化して表す
例）週に5件

要素③ Achievable（達成可能な）

その目標が達成可能な現実的内容かどうかを確認する（希望や願望はNG）
例）この第一四半期は週に8件だったので、スケジュール調整すれば可能

要素④ Related（経営目標に関連した）

次の2点を確認する
- 設定した目標が職務記述書に基づくものであるか
- 同時に自分が属する部署の目標、さらには会社の目標に関連する内容になっているか

例）見込み客訪問の数に対して平均20%の割合で新規獲得につながっている

要素⑤ Time-bound（時間制約がある）

目標達成の期限を設定する
例）6カ月後の売上報告に載せる数字を上げたい

◆評価すべき目標を立てよう

前述したように、評価目標は各等級の到達基準の根拠となるものです。一般的に、等級の種類による評価目標の傾向は、次のようになります。

職能等級制度（能力を重視）：コンピテンシー、保有資格
職務等級制度（成果を重視）：KGI／KPI、MBO
役割等級制度（成果・能力・態度を包括）：KGI／KPI、MBO、コンピテンシー

評価目標の立て方は、実は2通りあります。
ひとつは、**等級に対して全社一律の目標を設定する方法**。
もうひとつは、**部門やチームごとに、個別に目標を設定する方法**です。
前者は、たとえばカー用品販売店や自転車販売店、ドラッグストアなど、同じ商品

評価すべき目標はこう立てる

①等級別に到達基準を設定

等級	基準1	基準2
第3等級	○○ができる	AAA達成率 200%
第2等級	△△ができる	AAA達成率 150%
第1等級	□□ができる	AAA達成率 120%

②到達基準につながる評価目標のカテゴリーと内容を設定

	等級	コンピテンシー	KGI KPI
役割等級制度	第3等級	●●性	KGI:ZZZZ KPI:ZZZZ
	第2等級	▲▲力	KGI:YYYY KPI:YYYY
	第1等級	■■力	KGI:XXXX KPI:XXXX

《カテゴリー》
・職能等級…コンピテンシー・保有資格
・職務等級…KGI/KPI・MBO
・役割等級…KGI/KPI・MBO・コンピテンシー

を従業員全員で販売するような会社に有効です。後者は、大型家電量販店や大型家具店など、複数の部門を持つ会社の場合です。家電量販店ならＡＶ機器、ＰＣ、家電、携帯電話、修理などの部門があり、それぞれで扱う商品の種類、単価が異なります。また、販売と修理では業務内容も大きく異なります。全社一律の目標を設定することが困難であるため、業務内容に合わせて個別に目標を立てたほうが適切な評価ができるでしょう。

また、目標は上から落とすトップダウン方式と、下から上げていくボトムアップ方式があります。

全社一律の目標であればトップダウン方式にならざるを得ませんが、部門やチームごとに目標を設定する場合はどうでしょうか。さらに長期的な目標が立てにくく、状況の変化に応じて短期間で目標の変更を行わなければならない場合は、制度構築時はカテゴリーと大まかな内容程度にとどめておきます。そして、制度運用時に従業員と上司が面談を行い、相談をしながら目標数値を決めていくといいでしょう。

◆評価のルールを決めよう

等級基準に到達したかどうかを判断する評価目標と達成基準が定まりました。しかし、実際に評価を行うときは「達成基準をクリアしたから100点」「達成基準に届かなかったから0点」などという単純な二択にはなりません。

では、目標に対する従業員の働きを、どのように評価していくのか。

そのために、以下の4点を決めます。

①評価の指標
②目標の難易度
③評価の割合
④重要視するカテゴリー

①評価の指標

仮に目標を達成できなかったとしても「達成基準にどこまで迫れたか」を定量的に評価するため、どのような結果に何点つけるかを決めます。次の例を参考に、目標ごとの評価指標を設定してみましょう。

- 評価目標Ⅰ「大型契約10件」の場合

5件未満：1点、5件～8件：2点、9件～10件：3点、11件以上：4点

- 評価目標Ⅱ「商談率30％」の場合

10％以下：1点、11％～20％：2点、21％～30％：3点、31％以上：4点

②目標の難易度

簡単な目標を立てて難なくクリアするよりも、難しい目標に果敢に挑戦して邁進する従業員を、より高く評価したいと思うでしょう。

そこで、評価目標の難易度に応じて、点数の掛率を設定します。

たとえば、大型契約を連続して取るのはかなり難しいため、評価目標Ⅰを難易度Aとして、評価指標の点数を1・5倍にします。評価目標Ⅱはそれほど困難ではないため、難易度B、点数1・0倍とします。

仮に、S君が大型契約を9件獲得し、K君は商談率31％以上を達成したものの大型案件には挑戦しなかったとします。すると、S君とK君の点数は次のようになります。

評価のルールはこう決めよう

KGI・KPI						
No.	カテゴリー	目標	詳細	評価指標	難易度	評価割合
1	大型契約	10件		1点…0～4件 2点…5～8件 3点…9～10件 4点…11件以上	A	50%
2	商談率	30%		1点…0～10% 2点…11～20% 3点…21～30% 4点…31%以上	B	30%

コンピテンシー						
No.	カテゴリー	目標	詳細	評価指標	難易度	評価割合
1	提案力	提案研修への参加		1点…実施50% 2点…実施80% 3点…実施100% 4点…行動改善	C	20%

チェックポイント

☑ 評価結果の指標は？
☑ 目標の難易度は？
☑ 評価の割合は？
☑ どのカテゴリーの目標をより重要視して評価するか？

S君：3点×1・5＝4・5点
K君：4点×1・0＝4・0点
もし、K君が大型案件を1件でも獲得していれば、1・5点が加算され、5・5点になっていました。つまり、難易度Bの目標達成で満足するのではなく、難易度Aの目標にも挑戦したほうが、点数が高くなりやすいことになります。

③評価の割合

難易度Aの点数は1・5倍されるため、達成基準に届かなくても、難易度Bの最高点よりも高い点数を取ることができます。しかし、容易な目標が複数ある場合、たとえば難易度Bよりも達成が容易な難易度C（点数0・8倍）の目標「提案研修への参加」があり、K君はこの目標で2点を獲得したとします。

K君：4点×1・0＋2点×0・8＝5・6点

これでは、あえて難しい目標に挑戦する必要性が薄れてしまいます。
そこで、さらに掛率を加えます。これを「評価割合」といい、全目標の合計が

100％になるよう設定します。

たとえば難易度Aは評価割合を50％、難易度Bは30％、難易度Cは10％にすると、S君とK君の点数差（難易度が高い目標に挑戦する従業員と、難易度が低い目標にしか挑戦しない従業員の点数差）が、大きく広がります。

S君：4・5点×50％＝2・25点
K君：4・0点×30％＋1・6点×10％＝1・36点

このように、評価割合を設ければ、難易度の高い目標にチャレンジするメリットが大きくなり、意欲向上が期待できます。

④重要視するカテゴリー

会社側が取り組んでほしい目標への挑戦を促す手法として、もうひとつご紹介します。カテゴリー別に設定する「評価点のウエイト」です。

たとえばマネージャークラスの人材は、すでにある程度の広い視野と幅広いスキルを身につけています。さらにマネージャーの成果が会社の業績そのものに直接的な影響を及ぼすときは、コンピテンシーよりもKGI／KPIなどの定量目標の達成を重視したほうがいいでしょう。

一方、一般社員クラスが数字ばかりを追いかけている場合、周りへの協力に関心を示さなくなる可能性もあります。チームで目標を達成するための提案力や課題発見力、トラブル時に一丸となって対処するための協調性などが軽視されないよう、コンピテンシーのウエイトを高くしておくことをお勧めします。

先ほどの例でいえば、「大型契約10件」「商談率30％」はKGI／KPI、「提案研修への参加」はコンピテンシー（項目としては「プレゼンテーション力」に相当）です。そこで、次のように評価点のウエイトを定めます。

- **マネージャー「KGI／KPI：70％、コンピテンシー：30％」**
- **一般社員「KGI／KPI：30％、コンピテンシー：70％」**

すると、S君とK君が一般社員の場合、計算は122ページのようになります。

評価点の集計方法

〈計算式〉

（各評価目標の最終評価点×評価割合×評価点のウエイト）の総計
――――――――――
評価目標がすべて最高評価だった場合の総評価点

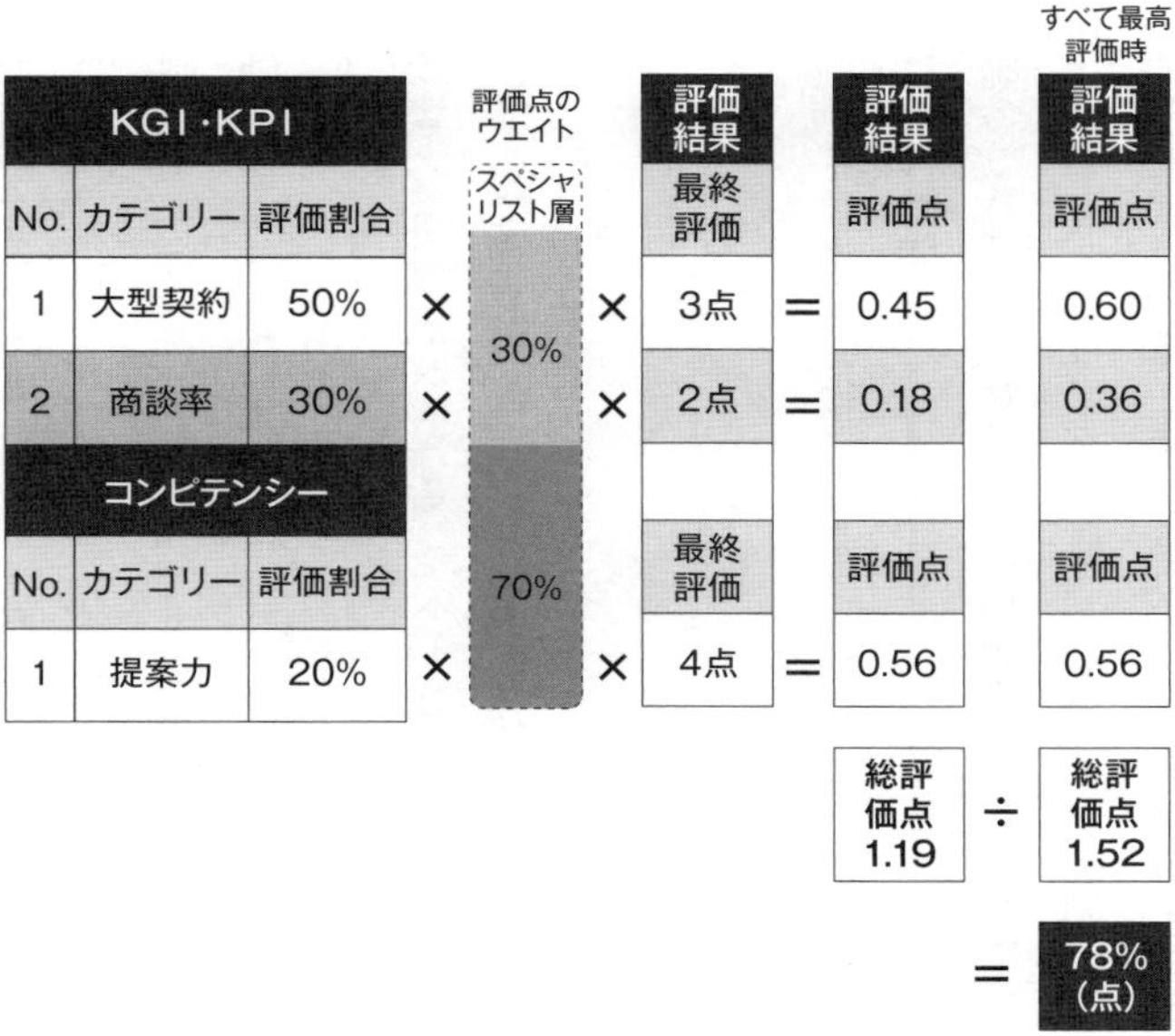

S君：4・5点×50%×30%＝0・675点

K君：4・0点×30%×30%＋1・6点×10%×70%＝0・472点

この個別総評価点を「評価目標がすべて最高評価だった場合の総評価点」で割った割合が、最終評価点（%）になります。まとめると、計算式は次のようになります。

最終評価点（%）＝

（各評価目標の最終評価点×評価割合×評価点のウエイト）の総計

÷評価目標がすべて最高評価だった場合の総評価点

◆「相対評価」にするか、「絶対評価」にするか？

個別の最終評価点を算出した後は、その点数が「良い評価なのか、悪い評価なのか？」を、ランク付けによって明確にします。

つまり「S評価」「A評価」「B評価」「C評価」のどこに入るのかを決めるのです。

このランク付けのルールには「絶対評価」と「相対評価」の2種類があります。それぞれの評価方法と、メリット・デメリットは次の通りです。

【絶対評価】

あらかじめ定められた基準に従い、社員一人ひとりを評価する方法です。S評価・A評価・B評価のそれぞれに「○○点以上」、C評価に「○○点以下」という基準を設定し、最終評価点数に応じて評価を決定します。一般的には110点以上であればA評価に相当すると考えていいでしょう。

・**メリット**：評価面談による評価と、評価制度に基づく計算式によって算出された点数がそのまま適用されるため、従業員の納得感が高まります。また、上位の評価を目指すためには「あと○点必要」と明確にわかるため、モチベーション維持・向上にも効果があります。

・**デメリット**：業績への影響が少ない目標を達成して高評価になった従業員が多ければ、利益が増えなくても昇給をしなければならず、人件費のみが増えて労働分配率が上がってしまいます。また、チーム全員が評価基準を達成して高評価となった場合、競争意識の低下を招く恐れがあります。

【相対評価】

他者との比較による相対的な位置に応じてランク付けを行う評価方法です。試験や

最終的な評価結果を導き出すルールを固める

【絶対評価の場合】

(1) 評価結果の良し悪しをランク分け…S／A／B／C

(2) ランク分けの基準点…A 評価は評価点 110 点以上

【相対評価の場合】

(1) ランクの割合決め…S評価は上位5%

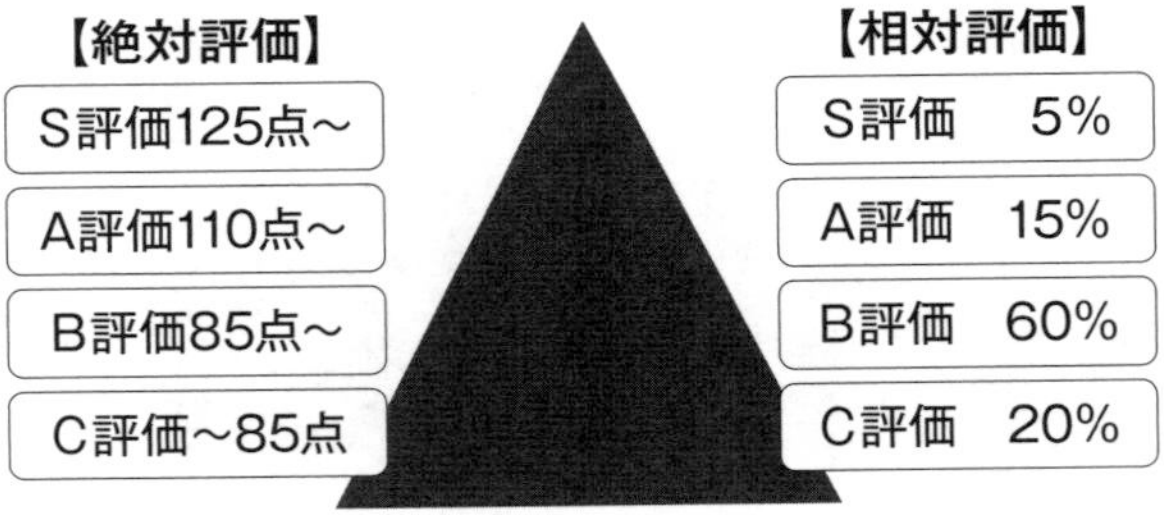

試合などで用いられる「上位○%以内に入れば合格」「上位○名までが予選通過」と同じように、上位5%をS評価として、A評価○%、B評価○%。C評価○%という枠をつくり、成績上位者から良い評価を与えていきます。

- **メリット**：高評価の割合があらかじめ決まっているため、昇給をコントロールし、人件費を抑えられます。また、高評価・低評価に偏ることなく、全体のバランスが良い評価分布になります。
- **デメリット**：所属する部門やチームによって評価が変わります。全体的に能力が高いチームに異動すると、優秀な従業員でも評価が低くなり、モチベーションが低下する恐れがあります。また、個人の成長が評価に反映されにくいため、点数が上がったにもかかわらず評価が下がれば、納得感を得ることは難しいでしょう。

◆「昇進昇格、降格」のルールを決めよう

一般的に、高い評価になれば昇給、低い評価であれば据え置きか降給になります。この昇給や降給にも詳細なルールが必要です。そのためには、評価によって等級や号俸がどのように変化するのかを決定しなければなりません。たとえば、次のようなルールが考えられます。

- S評価なら昇格する
- A評価なら号俸が2段階上がる（等級内の上限を超える場合は昇格する）。2回以上連続でとれば昇格する
- B評価なら号俸が1段階上がる
- C評価なら号俸が1段階下がる。2回連続でとれば降格する

このようなルールに沿って等級・号俸を変更し、自動的に給与額も決定します。

なお、**昇格／降格とは同じ役職内で等級が上がる／下がることであり、昇進とは一般社員から主任、課長から部長など、役職が上がることをいいます。**

昇進の場合、多くの会社では評価の他にも「昇進試験に合格する」「上長の最終承認を得る」「役職のポストが空いている」などの条件を設けています。

ところで「昇進すれば昇給になる」というイメージがありますが、**会社が従業員に何を求めているのかによって、昇給率は大きく異なります。**

たとえば、事業拡大のために多くのマネージャークラスを必要としている会社であれば、従業員の昇進へのモチベーションを高めるために、役職クラスに比例して昇給率を高くするでしょう。一方、ＩＴシステム系などの専門職集団の会社であれば、技術力の向上に応じて昇給が行われる傾向があります。従業員の平均技術力が上がれば、プロダクト全体がレベルアップするためです。そのため、高い技術力を持つ一流のプレイヤーがマネージャーとして部下を束ねる立場になったとき、本人がプログラミングを行わなければ技術力が生かされず売上に貢献しないため、給与を据え置きにする会社もあります。

高評価をとった人材に、どのような役割を果たしてほしいのか？

昇進や昇給のルールは、この答えをもとに設定していきましょう。

第3章

従業員ともめないように
ルールを書面化する

1 要注意！ルール変更が労務トラブルのもとに

◇社員は労働基準法で守られている

評価制度を変更しようとする前に、必ずやるべきことがあります。それは、**従業員の労働条件を定めた雇用契約書や、会社のルールである就業規則を再確認する**ことです。

もし、改定後の評価制度に雇用契約や就業規則と食い違う部分があれば、新制度に見合うように契約書や就業規則の内容を修正しなければなりません。ただ、**それらを修正・変更した場合は従業員への承諾までは必要ありません**。

たとえば、年2回支給していた賞与を年1回に変更する場合、就業規則の該当部分

※修正・変更した場合は従業員への承諾までは必要ありません
就業規則の変更には意見を聞くことは必要ですが、承諾（同意）までは不要です。改定する評価制度の内容が労働条件に違反しないようにするのはいうまでもありません。

を「賞与は年1回以上とする」等に書き換えて、労働者の過半数で組織する労働組合がある場合はその労働組合、ない場合には労働者の過半数を代表する者の意見を聞く必要があります（意見書に意見の記入と署名もしくは記名・押印が必要）。このことは労働基準法（労基法）で定められており、もし、従業員の了解を得ないまま評価制度を変えてしまうと「雇用契約の労働条件に合致しない」という声があがり、トラブルのもとになります。最悪、労働基準監督署に通報されてしまいます。

労基法はご存知の通り、従業員の保護を目的とした、会社が守らなくてはならない最低限の労働条件を定めた法律であり、当事者間の意思の如何にかかわらず執行される強行法規の一つです。そして、労基法の違反を取り締まる機関が労働基準監督署（労基）です。

従業員が「労基法に違反している」と感じ、会社と話し合っても解決できないと判断すれば、労基に通報します。すると、労基の職員による調査が入ります。調査の結果「違反あり」と判断されれば、是正勧告が出されます。

会社がこの勧告を無視して違反行為を続けた場合、または会社側が「是正した」と主張しても再監督時に「是正されていない」と判断された場合は、検察庁に送検され、懲役や罰金など司法処分の対象となります。また、重大な悪質性があった場合は勧告なしで司法処分となります。

そのため、違反を未然に防ぐことはもちろん、知らずに違反してしまった場合は迅速に是正することが重要です。

また、労基は通報の調査の他にも、毎月特定の事業場を訪問して適正に業務が行われているかをチェックする「定期監督」、重大な災害があった場合に現場に駆けつけて調査する「災害調査」などを行い、労働現場に違反がないかどうかを常にチェックしています。

◆気づかないうちに従業員に不利なルールになっていたら？

故意ではなくても、違反していることに気づかずに業務を続けてしまう場合もあるでしょう。たとえば、次のようなケースです。

「契約書や就業規則に、最低限の労働条件が明記されていない状態で業務を続けていた」

「契約書や就業規則に記された労働条件が、そもそも従業員にとって不利なルールであり、そのまま業務を遂行していた」

この場合も、調査や是正勧告、場合によっては罰則の対象になってしまいます。**会社を経営する限りは労基法を遵守する必要があり「知らなかった」では済まされないのです。**

是正勧告で指摘されやすい項目として、多いものから順に、左記に示します（２０１１年　厚生労働省「臨検監督の状況」）。自社に当てはまる行為がないか、労働契約書や就業規則に明記されたルールを遵守しているか、しっかり確認しましょう。

- （必要な届け出がないまま）時間外労働を行わせた
- 機械や設備などの安全基準を満たしていない
- 割増賃金を支払っていない
- 年１回の健康診断を実施していない
- 就業規則の作成・変更を届け出ていない
- 労働条件を明示していない
- 賃金台帳が適切に調製されていない

※時間外労働を行わせた
「時間外労働・休日労働に関する協定届」（36協定）が提出されていれば、一定の限度時間までは時間外労働は認められます。

◇労務トラブルが事業にブレーキをかける要因になる！

労基による調査や是正勧告を受けたり、罰則が科せられたりした場合、会社が受けるペナルティーはそれだけではありません。

勧告に従って是正したり、罰金を支払って罪を償ったとしても、会社が違法行為をしたという事実は消えてなくなるわけではありません。その事実が社会に伝われば、会社は社会的信用を失い、「ブラック企業」と呼ばれるようになってしまいます。

そうなれば、従業員のモチベーションが低下し、離職率の増加を招いてしまいます。周囲から「ブラック企業で働いている」と思われるのは辛いことですし、違反内容が是正されたとしても、そのレッテルを剥がすことはできません。以前のように会社を信用できず、気持ちよく働くことができなくなってしまえば、転職を考えるのは当然でしょう。

また、労基法の対応はもちろん、通報した従業員との話し合い、他の従業員への説明も必要です。会社への信用をそれ以上下げないよう、批判は真摯に受け止め、質問に対しては適切に回答しなければなりません。取引先や顧客からも問い合わせが来たり、契約を切るという連絡が入るかもしれません。最悪の結果にならないよう、慎重な対応が必要です。

このように、事業に費やすべきエネルギーと時間が、多方面で消費されることになってしまいます。モチベーションが低下した従業員たちに無理をさせることもできないため、事業が足止めを食らってしまい、業績不振につながるリスクがあるのです。

◆「労働条件」を明確にしよう

そのような事態に陥らないよう、従業員採用の際には必ず、給与や労働時間などの労働条件を書面で確認するようにしましょう。その必須書類である労働条件通知書のつくり方については後で詳しく説明しますが、ここでは労働契約書と就業規則に書かれた「労働条件」について、しっかり把握しておきましょう。

たとえば労働契約書に、評価制度の改定時に発生すると考えられる次の内容について、記載はあるでしょうか。

- 給与の減額について
- 賞与の廃止について

・支給項目の変更について
・給与テーブルの改定について

これらの項目がない、または一部欠如している場合は、早急に内容を決定して記載しなければなりません。すでに明記されており、評価制度の改定によってズレが生じ整合性が取れなくなる場合は、先に労働条件および労働契約書の変更に取り掛からなければなりません。繰り返しになりますが、**従業員にとって不利な変更になる場合は、事前に労働組合や従業員に対して就業規則の変更を伝え、十分な説明を行い、もし、修正・変更した場合は従業員への周知義務があります。**

または、改定する評価制度の内容を労働条件に違反しないよう調整します。たとえば労働契約書に「入社後2年間の給与は金額を据え置きとする」と記載していたとします。すると、新しい評価制度でも、入社2年未満の従業員は減給対象にできません。そこで、成果を出していなくても「入社後2年間は特例措置として減給しない」などを付記することで、整合性を維持するという方法です。

評価制度や給与制度の見直しを始める前に、必ず、自社の労働条件を明確にしておいてください。

2 規程と書式を見直しトラブルを回避する

◆見直しポイント❶　就業規則

　就業規則とは、従業員の給与や労働条件、その他について定めた会社のルールブックのことです。ルールを定めることで、会社と従業員が共通認識を持ち、トラブルを未然に防ぐことができます。

　労基法では「常時10人以上の労働者を使用する使用者は（中略）就業規則を作成し、行政官庁に届け出なければならない」と定められており、これに違反した場合は30万円以下の罰金が科せられます。

　労働者とは、雇用するすべて人のことを指します。当然、パートタイマーや契約社員も含まれます。
就業規則には、**必ず記載しなければならない「絶対的必要記載事項」と、事業場で定める場合に必要となる「相対的必要記載事項」の2種類があります。**

絶対的必要記載事項（労基法89条）

- 始業・終業時刻
- 休憩時間
- 休日
- 休暇（年次有給休暇、育児休業、生理休暇、冠婚葬祭等の特別休暇など）
- 交代勤務の場合は、交代の期日、時刻、順序など
- 賃金（基本給や各手当）の決定方法、計算方法
- 賃金の締め日、支払日
- 昇給の時期と条件
- 退職、解雇、定年の事由や手続き

相対的必要記載事項（労基法89条）

・退職手当について
・退職手当を除く臨時の賃金（賞与）、最低賃金額
・食費・作業用品などの負担
・安全衛生について
・職業訓練について
・災害補償、業務外の傷病について
・表彰、制裁について
・その他全従業員に適用される事項

就業規則の内容は、法令に沿ったものでなければなりません。作成の際は、法律や労務問題に詳しい社会保険労務士や弁護士などの専門家に相談するとよいでしょう。

就業規則を作成・変更するときは、「労働者の過半数で組織する労働組合がある場合はその労働組合、ない場合には労働者の過半数を代表する者の意見」を記した書面を添付し、労基に届け出をする必要があります。

※同一労働同一賃金ルールが決められました①（139ページ）
職務の内容・配置の変更の範囲が同じである場合、基本給、手当、賞与、福利厚生などすべての待遇に対して、差別的取扱いが禁止されました。

また、作成した就業規則は、事業場の見やすい場所に備え付けたり、書面で交付したりなどして、従業員全員に周知する義務があることも忘れてはなりません。

補足〈パートタイマーの就業規則について〉

パートタイマーを雇い入れ、正社員とは別の労働条件を定める場合は、パートタイマー専用の就業規則を作成する必要があります。この場合、正社員用の就業規則の中に「パートタイム社員には専用の就業規則が適用される」という但し書きを加えるとよいでしょう。

作成の際は、以下のことに注意しましょう。

・正社員に適用される法律は、原則としてパートタイマーにも同様に適用される

➡すべての従業員は、法律によって守られています。

・同一労働同一賃金ルールを守る

※同一労働同一賃金ルールが決められました②（139ページ）
正社員と比較して、職務の内容、配置変更の範囲、その他の事情において差がある場合にはその差に応じて均衡待遇を行う必要があります（待遇差を合理的に説明できることが求められる）。

➡パートタイム・有期雇用労働法（2020年4月より施行、中小企業は2021年4月より施行）の中で、パートタイマーや契約社員などの非正規社員と正社員との間で同一労働同一賃金ルールが決められました。これにより、手当や賞与、退職金の有無などについて、正社員と非正規社員で不合理な待遇差をつけた場合、違法になってしまうので注意が必要です。このルールについては、第4章で詳しく説明します。

◆見直しポイント❷ 労働条件通知書・労働契約書（雇用契約書）

労働条件通知書は、正社員・パート・契約社員などの雇用形態にかかわらず、従業員を雇い入れるときに必ず伝えるべき内容を盛り込んだ文書です。

労基法では、入社時に「賃金・労働時間その他の労働条件について書面の交付により明示しなければならない」と定められており、万が一、交付しなかったり、内容が法令にそぐわなかったりした場合、30万円以下の罰金が科されます。

※違法
①と②のパターンがあります。　①正社員と職務の内容・配置の変更の範囲が同じである場合、基本給、手当、賞与、福利厚生などすべての待遇に対して、差を設けた場合は違法
②正社員と比較して、職務の内容、配置変更の範囲、その他の事情において差がある場合、その差に応じて待遇差がある場合は違法ではない（その差を合理的に説明できることが必要）

労働条件の締結の際に書面交付により必ず明示しなければならない項目は、次の通りです。

- 契約期間／期間の定めのある労働契約を更新する場合の基準
- 就業場所
- 業務内容
- 始業、終業時刻／休憩時間／休日、休暇
- 賃金の計算方法、締め日、支払日（昇給に関する事項は書面での交付義務はなく、口頭でも可）
- 所定労働時間を超える労働の有無
- 労働者を2組以上に分けて就業させる場合における就業時転換に関する事項
- 解雇を含む退職に関する事項

一方、労働契約書（雇用契約書）は、雇用の際に会社と従業員の間で交わされる契約書で、記載内容は労働条件通知書とほぼ同じです。そのため「労働条件通知書兼雇用契約書」としてまとめるケースもあります。

労働契約書自体に法的義務はなく、なくても労働契約は成立しますが、のちのちの

※労働条件通知書と違って法的義務はなく①
労働基準法は労働契約の締結の際に「書面の交付」により明示することを求めています。必ずしも「労働条件通知書」としているわけではありません。なお絶対明示事項としては上記の他に次ページの4つも含まれます。

トラブルを回避するため、できるだけ作成することをお勧めします。

雇用契約書は2通用意して、それぞれ従業員に署名捺印してもらい、1通を従業員が、もう1通を会社が保管します。

さらにパートタイマーおよび有期雇用労働者の場合は、上記の必須項目に加えて、次の内容を記載しなくてはなりません。

- 昇給の有無
- 退職手当の有無
- 賞与の有無
- 相談窓口（短時間・有期雇用労働者の雇用管理の改善等に関する事項に係る相談窓口）について

◆見直しポイント③　給与規程

給与の支払いに関するルールは、就業規則の本則とは別立てで、給与規程（賃金規程）を作成するのが一般的です。この規程も、就業規則の本則とともに労基に届け出なければなりません。

※労働契約書自体に法的義務はなく②（140ページ）
①期間の定めのある労働契約を更新する場合の基準　②所定労働時間を超える労働の有無　③労働者を2組以上に分けて就業させる場合における就業時転換に関する事項　④昇給に関する事項（書面での交付義務はなく、口頭でも可）

給与規程に記載する項目のうち、とくに大事なものについてまとめていきます。

【給与体系】

給与体系とは、給与の支払い項目や、その決定方法、支給基準をまとめたものです。

給与は、所定の労働時間内の労働に対する対価として支払われる基本給や諸手当などの「基準内賃金」と、時間外手当や通勤手当など、所定の労働時間に関係なく支払われる「基準外賃金」に分かれています。

基準内賃金は最低賃金の対象となるため、給与を設定する際は、基本給と諸手当を足した金額が最低賃金以下にならないようにします。（90ページ参照）

基本給は、年齢や勤続年数で決める「属人給」、仕事内容や能力によって決める「仕事給」、属人給と仕事給の両方の基準で決める「総合給」の3タイプがあり、多くの企業では総合給型を採用している会社が多いように見受けられます。

なお、残業代について注意点があります。「管理職には残業代を払わなくてもいい」とお考えの社長が時折、いらっしゃいますが、場合によっては違法となることがあります。社内での役職にかかわりなく、「労働条件の決定その他労働管理について経営

※役職手当が支払われている管理監督者
役職手当が支払われているからという理由のみで、労基法上の管理監督者に該当するとはいいきれません。

者と一体的な立場にある者」という定義に該当する方だけは労基法上の「労働時間」や「休日」等の規定が適用されないため、残業代は支給されません。

【給与形態】

給与の支払形態には「月給制」「日給制」「時給制」のほか、年単位で決定した金額を毎月分割して支払う「年俸制」、従業員が製造・販売した物の量や売上などに応じて決める「出来高制（歩合制）」などがあります。

このうち月給制は、遅刻や欠勤等があっても減額されず決まった金額が支払われる「完全月給制」と、遅刻や欠勤の時間分を減額されてしまう「日給月給制」に分けられます。

なお、年俸制の場合、給与改定のタイミングは年に1回となるため、人事評価を年に複数回行う制度との連動は困難となります。

【給与改定】

多くの会社で、毎年決まった時期に行われている給与の見直しについても、就業規則に必ず記載しなければなりません。とくに昇給は、絶対的必要記載事項に当たります。

【賞与（ボーナス）】

賞与については、労基法の通達に「従業員の勤務成績に応じて支給され、その額があらかじめ定められていない」臨時の給与として記載されています。支払いは義務ではなく、任意です。

支給する場合、多くの場合は半年間の査定期間を設けて、企業の業績や従業員の勤務成績、勤続年数等を基準に金額を決定します。詳細は第2章の〈賞与は何を根拠に支払うのか？〉（104ページ）を振り返ってください。

給与規程には、賞与の支給の時期や対象者などを記載します。業績の悪化等により賞与を取りやめる可能性がある場合は、あらかじめ「会社の業績が悪化した場合は支給しない」旨の但し書きをしておきます。

参考〈給与の支払いについて注意すべき点〉

・賃金支払い5原則

労基法で定められている原則で、会社は給与を、①通貨で、②直接従業員に、③全額を、④毎月1回以上、⑤一定の期日を定めて、支払わなければなりません。守らなかった場合、法律違反となるので注意が必要です。

①通貨で支払う

給与は、現金かつ日本円で支払われなければなりません。ただし、従業員の同意を得ている場合は、所定の金融機関の口座への振り込みによる支払いが認められます。

②直接、従業員に支払う

従業員が病気や入院、長期出張などのやむを得ない事情で直接受け取ることができない場合は、配偶者など、従業員の「使者」と認められた者にのみ、支払うことが認められています。親権者などの法定代理人や、従業員が借金をしている場合の債権者など、本人と使者以外の者に支払うことは認められていません。

③全額を支払う

給与は、従業員に全額支払わなくてはなりません。ただし、源泉所得税や社会保険料など法令で定められているもの、あるいは労働者の過半数で組織する労働組合がある場合はその労働組合、ない場合には労働者の過半数を代表する者との書面（労使協定）がある場合については、給与から天引きすることが認められています。

たとえば、懇親会費はこのような対応時に天引きすることができます。また、貸付金については、判例上、労働者の「自由な意思」で賃金と借金との相殺に同意したと認められる「合理的な理由」が「客観的に」に認められれば有効とされています。

④毎月1回以上、⑤一定の期日を定めて支払う

支払日が休日にあたる場合は、別日に支払うことができます。しかし「毎月第○金曜日」などは、期日が月によって変動するため、一定期日とは認められません。なお「末日」は問題ありません。また、賞与など臨時に支払われる給与については例外です。

最後に、労働基準法24条、賃金決定の原則（ノーワーク・ノーペイの原則）についてご説明します。

給与は労働の対価として支払われるものであるため、従業員が遅刻や欠勤等、何らかの理由で労働しなかった場合は、会社には給与の支払い義務が発生しません。これは雇用形態にかかわらず、すべての従業員に適用されます。

この原則が適用されるケースは、遅刻や欠勤の理由が、体調不良など従業員自身に責任がある場合、または、自然災害や電車の遅れなど、従業員にも会社にも責任がない場合のいずれかです。育児休業や介護休業、生理休暇等もこれに入ります。

適用されないケースは、会社から自宅待機を命じられた等の会社に責任がある場合のほか、年次有給休暇などです。

◆見直しポイント④ 人事考課規程

人事考課規程とは、従業員の成績や能力、意欲などを、一定の基準をもとに公正に評価するためのルールブックのことです。この規程に定められたルールを判断基準として、人事評価、給与管理、異動配置等を行うのです。

人事考課規程には、人事評価の全般的なルールとなる「人事評価方法」「評価対象期間」「評価者」等を定めます。さらに人事評価方法の中では、人事評価の手法や基準など、詳細な運用ルールを記述します。

会社の人事評価の方法は複数あり、これまでは年功序列の傾向を持ち、個人の職務遂行能力を評価する「職能資格制度」が多く採用されてきました。近年では、キャリアや年齢に関係なく、各従業員の果たすべき役割（能力や行動）の基準を定め、その基準をどの程度達成できたかをもとに評価する「役割等級制度」が採用されるようになってきました。

言うまでもなく、従業員の人事評価は社長の主観や独断ではなく、人事考課規程に記された一定のルールに基づいて客観的な方法で行われるべきものなのです。

3 関連規程と書式を見直す

◇見直しポイント① 休業・休職に関する規程

【私傷病休職取扱規程】

私傷病休職とは、業務以外の理由で生じたケガや病気（私傷病）により、一定期間休職することです。法的義務はありませんが、導入する場合は、休職期間や休職中の給与、復職の判断、復職後の処遇などについて、就業規則で規定する必要があります。

【育児・介護休業規程】

育児や介護による休業に関しては、就業規則の本則とは別に「育児・介護休業規程」

等の規程を設ける場合が多いようです。

育児や介護による休業について定めた法律である育児・介護休業法は、従業員の雇用形態や会社の規模・業種を問わず適用されるもので、取得条件を満たした従業員からの休業の申し出を拒否すれば、法律違反となります。

「育児休業」は、基本的には1歳未満の子どもと同居し養育している従業員が、育児のために休業できる制度です。たとえば、期間を定めて雇用される者で、雇用された期間が1年以上、子が1歳6カ月になるまで雇用を継続することがわかっている従業員に適用されます（つまり、雇用期間の定めがないものは入社1年未満でも取得可能）。また1週間の所定労働日数が2日以下の場合は、労使協定の締結により対象外になります。

上記以外にも、育児休業の申し出ができる条件や、対象外となる条件（企業側としては申し出を拒否できる条件）にはいくつかのバリエーションがあります。また、育児休業を父母ともに取得する場合には子が1歳2カ月まで休業が延長される「パパ・ママ育休プラス」制度や、産後8週間以内の期間に育児休業を取得した場合は、特別な事情がなくても申出により再度の育児休業取得が可能となる「パパ休暇」などのオプショ

※対象外①
労使協定に育児休業を取得できないものとして定めた次ページの労働者からの育児休業申出は拒否することができます。

ン制度もあるので、厚生労働省のホームページなどでしっかり確認しておきましょう。

「介護休業」は、介護を必要とする家族1人につき、通算93日までの範囲内で3回まで認められます。期間を定めて雇用される者で、雇用された期間が1年以上、取得予定日より93日後から半年以内に雇用関係が終了しないという条件を満たす者について取得対象になります（つまり、雇用期間の定めがないものは入社1年未満でも取得可能になります）。

「子の看護休暇」は、6歳以下の子どもを養育している従業員が、子どもの病気やケガの世話、予防接種や健康診断の付き添いなどのために取得できる休暇のことです。

介護休暇は、要介護状態にある家族の世話をしている従業員が取得できるものです。子の看護休暇も、介護休暇も、対象家族が1人の場合は1年間につき5日、2人以上の場合は1年間につき10日を限度として取得することができます。

なお、子の看護休暇・介護休暇は法改正（2021年1月1日施行）により、時間単位ですべての従業員が取得できるようになりました。

育児や介護に関する法律は、今後も変更や改正が行われる可能性があります。定期的に厚生労働省のホームページ等で情報収集をするようにしましょう。

※対象外②（150ページ）
①雇用された期間が1年に満たない労働者　②申出があった日から起算して1年（原則）以内に雇用関係が終了することが明らかな労働者　③1週間の所定労働日数が2日以下の労働者　※労使協定に定めていなければ申出の拒否は原則できません。

◆見直しポイント❷ 退職に関する規程

【退職金規程】

退職金の支給には法的義務がなく、会社の任意となります。退職金制度を設ける場合は、①適用される従業員の範囲、②退職手当の決定、③計算方法や支払い方法、支払い時期について、必ず就業規則への記載が必要です。（相対的必要記載事項）

退職金は全額を直接支払うのが原則ですが、懲戒解雇などの場合は減額や不支給が認められることがあります。そうした万一のケースについても、規定しておくことが重要です。

【競業避止および守秘義務に関する誓約書】

競業避止義務は、従業員が在職中や退職後に、競業する会社で働いたり、競業となる会社を設立したりすることを禁じるものです。**会社の企業秘密や個人情報を漏洩してはならないという守秘義務と合わせて誓約書を作成し、入社時や退職時に署名捺印してもらう**ようにします。

◆見直しポイント③ 職務発明に関する規程

従業員が職務上の研究開発によって行った発明を、「職務発明」といいます。職務発明に関しては「特許権」の問題がつきものです。職務発明において、その特許を受ける権利が「会社にあるのか、それとも発明した従業員にあるのか？」という問題を巡って、これまで多くの労使間トラブルが発生してきました。

特許法では「会社が職務発明の特許を受ける権利を有する」という内容が契約書や勤務規則などに明記されていない場合、特許権は発明者である従業員にあると定められています。そのため、**職務発明の取り扱いについては必ず事前に規程を作成したり、個別契約で取り決めをしておかなくてはなりません。これを行わなければ、会社には特許権がなく、特許出願ができなくなってしまいます。**

幸いにも特許法の2015年の法改正により「職務発明の特許を受ける権利を会社が取得する」ことを、職務発明規程に定めることができるようになりました。通常、会社は職務発明をした従業員から「特許を受ける権利」を承継しなければ特許を申請することができません。しかし、あらかじめ従業員に「職務発明の特許権を会社に帰属させる」という意思表示をさせることで、職務発明が完成した瞬間に会社が特許権を得ることができるようになったのです。

一方で、会社は職務発明に貢献した従業員に対して、給与や賞与のアップ、一時金をはじめとする金銭の支給や、留学の機会を与える等、〝相当の利益〟を与えることが義務付けられます。

特許を受ける権利を会社に帰属させず、従業員が特許を取得した場合であっても、その発明がなされるまでの間、従業員に給与を支払い、設備費などを負担していたのは会社です。そのため、会社は「通常実施権」を取得します。これは特許権者である従業員の許諾がなくても、その特許で保護されている製品等の製造・販売を行う権利です。

ただし、従業員がライバル企業に対して使用を許諾したり、勝手に特許権を売却する可能性がある以上、リスクを排除するためにも職務発明規程を設けることは重要です。

◇見直しポイント④ その他の規程

【慶弔見舞金規程】

結婚や出産などの慶事や、お葬式などの弔事で会社から支給される慶弔見舞金については、支払いに法的義務はありませんが、福利厚生の一環として任意で取り入れているケースが多く見られます。

【出向規程】

従業員を他の会社に異動させる出向についても、あらかじめ規程や契約を作成し、従業員の入社時に説明して同意を得ておく必要があります。

出向には、元の地位を維持したままで別の会社に異動する「在籍出向」と、元の会社の契約を終了して異動する「移籍出向」があり、どちらのタイプかを明確にします。

そのうえで、出向期間や出向先での労働条件、福利厚生等について定めておきます。

第4章

「多様な働き方」に対応する

1 働き方改革関連法で「給与・評価」が変わる

◇働き方改革関連法の全体像を押さえておこう

ここまで評価制度の見直し時に、労働基準法や規程と整合性を確認し、規程や書式の見直しをすることをお伝えしました。

もうひとつ確認すべき法律があります。それは「働き方改革関連法」です。場合によっては、評価制度を調整する可能性もあるため、こちらの法律について全体像を押さえましょう。

少子高齢化の進展により、生産年齢人口の大幅な減少が顕著となっている情勢下、政府は**働き手不足の解消を目指して「長時間労働の是正」「同一労働同一賃金」の二本柱からなる「働き方改革」を推進しています**。

具体的には「働き方改革関連法」により、労働基準法、労働安全衛生法、じん肺法、パート・有期雇用者労働法、労働者派遣法、旧雇用対策法、労働時間等設定改善法、労働契約法の8つの法律を改正し、随時、施行し始めています。

この改正で、時間外労働の上限を原則として月45時間とし、特別な事情がない限りこれを超えることができないとしたほか、年5日間の年次有給休暇取得が義務付けられました。さらに、フレックスタイム制度の清算期間を1カ月から3カ月に拡充したり、従業員の休息時間を確保するための「勤務間インターバル制」が導入されるなど、さまざまな施策が打ち出されています。

2020年4月1日（中小企業は2021年4月から）に施行された「パート・有期雇用者労働法」では、**いわゆる「同一労働同一賃金」のルールにより、パートタイマーや契約社員などの非正規社員と正社員間で、不合理な待遇・賃金の格差を設けることが禁じられました**。仕事内容や責任が同一であれば、給与や賞与、福利厚生などの待遇を同じにしなければならず、相違がある場合は、相違の程度を勘案したうえで妥当な待遇とすることが義務付けられたのです。

また、裁判外紛争解決手続き（行政ADR）の整備により、非正規社員が不合理な待遇を受けたときには、法的手段に訴えやすくなりました。

本章では、このような法改正の内容について詳しく説明していきます。もはや経営者にとって、改正法に合わせて就業規則や労働契約を見直し、働き方改革に対応した職場環境づくりに努めることは、避けては通れない課題と言えます。

◆法改正の影響を理解しよう

改正・創設された制度のうち、主なものは次の通りです。

〈労働時間法制の見直し〉

・残業時間の上限の規制

残業時間の上限が、原則として月45時間（超過できるのは6ヵ月まで）・年間360時間となりました。特別な事情によってこれを超える場合も、年720時間・複数月平均

80時間・月100時間をオーバーしてはならない決まりができました。

・年5日間の年次有給休暇取得の義務付け

従業員の希望を踏まえて時期を決定し、休暇を取ることが義務付けられました。

・高度プロフェッショナル制度の創設

高度な知識や技術を有する専門職で一定以上の年収がある場合、労基法に定められた労働時間の規制を撤廃し、労働時間ではなく労働成果に対して報酬を支払う制度です。

・フレックスタイム制の拡充

労働時間を調整できる期間（清算期間）の上限が、従来の1カ月から3カ月に延長されました。

・勤務間インターバル制度の導入

前日の終業時間と翌日の始業時間の間に、一定の休息時間を確保する制度です。

・労働時間の客観的な把握の義務付け

すべての従業員の労働時間を、客観的な方法で把握することが義務化されました。

・産業医・産業保健機能の強化

会社から産業医への情報提供や、産業医による健康相談を強化します。

- **（中小企業に対する）月60時間超の残業の割増賃金率の引き上げ**

中小企業の割増賃金を25％から50％に引き上げます（２０２３年4月から実施）。

〈雇用形態にかかわらない公正な待遇の確保〉

- **不合理な待遇差をなくすための規定の整備**

正社員とパートタイマー等の非正規雇用労働者間で、賃金の不合理な待遇差を設けることが禁止になりました。次節で詳しく説明します。

- **労働者に対する待遇に関する説明義務の強化**

非正規雇用労働者は、正社員との待遇差について会社に説明を求めることができます。

- **行政による助言・指導等や行政ＡＤＲの規定の整備**

行政ＡＤＲ（裁判外紛争解決手続き）とは、裁判ではなく行政の介入により労使間のトラブルを解決する方法のことです。労働局において無料・非公開の紛争解決手続きを行うもので、訴訟に比べて費用がかからず短期間で決着するため、会社にとっては訴えられるリスクが増えると言えます。

◆改正をピンチでなくチャンスととらえよう

法改正に合わせて就業規則や労働契約を見直し、社内の制度を変更することは、非常にエネルギーのいることです。非正規社員の待遇を改善することで、人件費が上昇し、経営を圧迫するリスクもあるでしょう。

一方で、こうした対応をきちんと行っている会社は、従業員からの評価が向上したり、社会的信用が向上して「ホワイト企業」として認知されるなど、会社の求心力を強化できるというメリットがあります。

「同一労働同一賃金」という新たなルールに合わせて一歩を踏み出すことは、どのような会社であっても大きな労力を費やすこととなる、一大イベントと言えます。しかし、この状況をチャンスととらえて、自社の給与や待遇に関する諸制度の見直しを前向きに進めていけば、近い将来、必ず大きなインセンティブを得られるはずです。

2

「同一労働同一賃金」実現①

制度を見直す

◆4ステップで制度を見直す

「パートタイム・有期雇用労働法」の施行により、企業は、自社の給与や待遇のシステムが法に見合ったものであるかどうか、見直しを迫られています。非正規社員の雇用形態別の対策や、給与制度等の見直しを具体的にどのような手順で進めていけばいいのかを紹介していきますが、まず本節ではその概要を解説していきます。

「同一労働同一賃金」の概念を取り入れた制度の見直しは、大きく分けて以下の４つのステップで進めていきます。

ステップ1　各従業員の働き方の現状を洗い出す

各従業員の職務について、仕事内容や責任の程度、転勤の有無などから現状を洗い出し、他の雇用形態と比較して、同一かそうでないかを判断します。

ステップ2　待遇を検討・見直す

ステップ1の洗い出しを行ったうえで、待遇や給与、福利厚生について、正社員・非正規社員の間に不合理な差がなく公平な扱いとなるよう検討、調整します。

ステップ3　人件費をシミュレーションする

見直した結果、どの程度の人件費が必要になるかをシミュレーションし、影響を把握したうえで、待遇を決定します。

ステップ4　就業規則や労働契約などのルールを変更する

就業規則や労働契約などのルールを変更します。

それでは、これから各ステップについて詳しく見ていきますが、本節ではステップ1および2を解説します。

◆そもそも「同一労働」なのかを見極めよう

ステップ1は「各従業員の働き方の現状を洗い出す」です。

従業員の雇用形態は、正社員、パートタイマー、契約社員など、多様です。さらに、同じ雇用形態でも「Aさんは転勤があるが、Bさんにはない」など、労働条件が異なる場合もあります。まずは、そうした従業員タイプごとに、次の3つの視点で仕事の現状を細かく洗い出します。

① **職務内容**（仕事の内容および責任の程度）

② **配置の変更範囲**

③ **その他の事情**

次に、各従業員タイプの①②③を比較して「同一労働」かそうでないかを判断します。なお、①の「責任の範囲」は、業務に対して求められる役割、トラブル発生時や緊急時に求められる対応の度合い、ノルマなどに対する期待度などが考えられます。

具体例を見てみましょう。

Aさん（正社員）とBさん（パート従業員）はマーケティング部に所属しており、両者ともメールマガジン配信業務を担っています。同一労働をしているように見えますが、Aさんは「メールマガジンの作成・送信」「読者からの問い合わせ対応」「送信件数および顧客分析」「書類の作成」を担っています。一方、Bさんの業務は「メールマガジンの作成・送信」のみです。また、Aさんは転勤の可能性がありますが、Bさんにはありません。

このように詳しく見てみると、AさんとBさんでは責任の重さが「異なる」、配置の変更範囲も「異なる」という結果になり、「同一労働とは見なさない」という結論になります。

ステップ2の「待遇を検討・見直す」では、**ステップ1**で洗い出したデータをもとに、従業員の待遇（給与、福利厚生、教育）が公平であるかどうかを検討し、必要に応じて見直しを行います。

検討を行うべき具体的な内容は、次の通りです。

- **給与面**：基本給、賞与、退職金、家族手当、通勤手当、地域手当など
- **福利厚生面**：福利厚生施設の利用、慶弔休暇、健康診断の扱い、病気休職など
- **教育面**：入社時研修や部署別研修などの教育訓練の実施

先ほどのAさんとBさんの例では、責任の重さや配置変更の可能性などから「同一労働とは見なさない」という結論になりました。もし、パート従業員のBさんにも正社員のAさんと同じ業務と責任を求めるのであれば、転勤の可能性がなくとも、Bさんの給与や教育について、検討する必要があります。

このように、各従業員タイプの現状を俯瞰し、待遇に不公平が生じているのであれば、次の3点を検討しなければなりません。

- 正社員と待遇を同じにする
- 正社員に待遇を近づける
- 現状維持

ここで重要となるキーワードは、「均等待遇」「均衡待遇」です。

均等待遇とは「同一の仕事内容であれば同一の待遇にする」、均衡待遇は「職務内容や配置の変更範囲その他の違いに応じて、バランスの取れた待遇にする」という意味です。

「同一労働同一賃金」のルールでは、同じ仕事を行っている従業員の待遇は、等しくすること（均等待遇）が大前提となります。しかしながら、完全に同一の仕事内容となることは、ほとんどありません。そこで、違いを考慮したうえで合理的でフェアな待遇（均衡待遇）を実現することが重要となります。

たとえば、パート従業員の給与を、職務内容の違いを考慮して正社員の8～9割とすることは、妥当であると判断されるかもしれません。しかし、正社員に支給している通勤手当や精勤手当などがパート従業員に支給されていない場合、それは「不合理」であり「均衡な待遇ではない」と判断される可能性があります。

参考：判例紹介　日本郵政事件（2020年最高裁）

日本郵便の契約社員らが、同一の仕事をしている正社員との不合理な待遇格差の是正を求めた裁判で、大阪高裁は、家族手当を正社員にのみ支給することは「不合理ではない」としました。その後、最高裁では、正社員に認められている年末年始勤務手当・家族手当・夏期冬期休暇手当・有給の病気休暇・祝日給の5つについて、いずれも契約社員に認めないのは「不合理である」との判断を下しました。

自社の正社員と非正規社員の待遇が、現状で明らかに均等・均衡になっていない場合は、早急に是正を検討しなければなりません。

ですが、さまざまな働き方がある中で、どれが同一労働にあたり、どの程度の違いがあれば同一労働ではなくなるのか。現在の従業員の待遇は均等か否か、均衡が取れ

雇用形態別に現状・実態を書き出してみる

契約形態＼待遇	給与面	福利厚生面	教育面
正社員（全国転勤あり）	現状維持	現状維持	現状維持
正社員（転勤なし）	現状維持	現状維持	現状維持
定年後嘱託社員	現状維持（同じ待遇）	現状維持	見直し（同じ待遇）
契約社員	見直し（近しい待遇）	見直し（近しい待遇）	見直し（同じ待遇）
パート社員	見直し（近しい待遇）	見直し（近しい待遇）	見直し（同じ待遇）

仕事内容／責任／配置条件をもとに
同じ（近しい）待遇にするか、現状維持かを決定

ているか否か――それらの判断は、非常に難しいことです。人事担当のみの判断ではなく、社会保険労務士などの専門家に相談をしながら検討していくことをお勧めします。

ステップ2のゴールは、各従業員タイプを対象に、待遇の3つのカテゴリー（給与面・福利厚生面・教育面）の現状と、見直しの結果（正社員と待遇を同じにする・正社員に待遇を近づける・現状維持）をそれぞれ明らかにすることです。

上記の図のように、それぞれの現状と見直しの結果が一覧できるリストを作成すると、よりわかりやすくなります。

3

「同一労働同一賃金」実現②

タイプ別に対応する

◆タイプ① 全国転勤可の正社員に対応する

社内で最も待遇が良いのは、多くの企業では「全国転勤が可能な正社員」です。厚生労働省の「同一労働同一賃金」ガイドラインでは、この従業員タイプの待遇を下げるのは望ましくないという見解があります。

そのため、全国転勤可の正社員の待遇は、見直しや変更の対象としてとらえるよりも、**他の従業員タイプとの比較対象となる〝マスター待遇〟と考えるのが良いでしょう。**実態をしっかり洗い出し、整理することが重要です。

整理する項目は、先述した給与面、福利厚生面、教育面です。

とくに基本給や賞与については、次の内容を整理し、給与体系の再確認を行いましょう。

- 賃金テーブル
- 等級制度と等級基準
- 評価制度と評価基準

その他、通勤手当の上限額や、慶弔休暇が取得できる範囲や日数なども、正確に書き出していきましょう。

◆タイプ② 短期雇用・有期雇用労働者に対応する

「パートタイム・有期雇用労働法」により、企業は、正社員と非正規社員との間に不合理な待遇差を設けることが禁止されました。さらに、労働条件や待遇（給与の決定方法や労働時間、昇給制度や退職手当、賞与の有無、福利厚生施設の利用、教育訓練の実施など）について、雇い入れ時はもちろん、従業員から説明を求められた際にも対応することが義務付けられました。

「不合理な待遇差」といっても、どのようなケースが不合理にあたり、どのケースはそうでないのか、判断することは容易ではありません。法改正から日が浅いため、まだ「この基準や数字を守れば間違いない」といったスタンダードが確立しておらず、どの企業も手探りの状況です。

とはいえ、改正から現在まで「不合理である」として従業員から訴えられ、裁判になった事例が存在するため、「わからない」を理由に何も手を打たないことは禁物です。判例を調べ、自社と類似する点はないか、あった場合はどうするべきか、検討材料にするとよいでしょう。

参考：判例紹介　メトロコマース事件（2020年最高裁）

株式会社メトロコマースで売店業務に従事していた契約社員4名が、正社員との労働条件の相違（退職金、賞与ほか）が不合理な格差に当たるとして損害賠償等の請求を求めた事件です。第一審の東京地裁では「不合理ではない」と判断されましたが、第二審の東京高裁では「全く支給しないのは不合理」として、4名のうち勤続10年前後の2名に対して、正社員に支払う退職金の4分の1の支払いが命じられました。しかし、その後、最高裁では最終的に「退職金の支払いがないことは不合理とまではいえない」との判決が下りました。

参考：判例紹介　大阪医科大学事件（2020年最高裁）

フルタイムで勤務していたアルバイト従業員が、正社員に支給されている賞与が自分には支給されないことを「不合理な待遇差である」として訴えた事件です。

第一審の大阪地裁では、差をつけることは「正社員の雇用を確保するために合理的」と判断されましたが、第二審の大阪高裁はこれを覆し、アルバイトに賞与を全く支給しないのは「不合理」であり、正社員の賞与の6割以上の賞与を支給すべきと判断しました。ところが最高裁では、「原告は職務内容が簡便で責任は重くなく、配置転換も限られるなど正社員と相違があり、賞与の不支給は不合理と認められない」と結論づけ、逆転裁判となりました。

参考：補足　地域限定正社員への対応

2007年、ユニクロが「フルタイムの非正規社員の2割を地域限定正社員に登用する」と発表し、話題になったことを覚えているでしょうか。

地域限定正社員とは、一定の地域内での配属・異動を条件とする、転居を伴う異動がない正社員のことです。柔軟な働き方を認め、優秀な人材の確保・定着を図るために導入されました。

能力や意欲がありながら、家族のために居住地を変更できない等のプライベートな事情があり、非正規労働を選択せざるを得ない——地域限定社員は、そのような人々に対して正社員の門戸を開いた制度です。

ただし、労働条件が全国転勤ありの正社員とほぼ同じであるにもかかわらず、昇給が限定されていたり、賞与や退職金が少ないなどの待遇差があるケースが多く見受けられます。プライベートを重視できるメリットの代わりに、年収が低くなるなどのデメリットもあるのが現状です。また、配属された店舗が閉店するとき、行き先がないため解雇されてしまうという懸念もあります。

地域限定社員を導入している、またはこれから導入しようとする会社は、全国転勤ありの正社員と比較して、給与や待遇の格差がないか確認しましょう。格差がある場合は、それが合理性や公平性を欠いていないかどうか、念入りに検証する必要があります。

◆タイプ③ 定年後嘱託職員に対応する

近年、シニアの働き方にも変化が見られるようになりました。以前は「60歳になれば定年退職」が常識でしたが、現在は65歳まで、または70歳まで働き続けることができるようになりました。これは、高年齢者雇用安定法の改正によるものです。

2013年の改正で、65歳未満の定年を定めている会社に対して、①定年を65歳まで引き上げる、②継続雇用制度の導入、③定年制の廃止、このいずれかの導入を義務付けました。継続雇用制度とは、本人の希望によって定年以降も再雇用する制度です。

さらに、2021年4月には、70歳までの就業確保が努力義務とされました。定年を65歳以上70歳未満に定めている会社、および65歳までの継続雇用制度を導入している会社を対象として、①70歳までの定年引き上げ、②定年制の廃止、③70歳までの継続雇用制度の導入等の措置を講じるよう努める、というものです。

こうした制度変更によって、必然的に、企業は定年再雇用者の均等・均衡待遇の検討を求められるようになりました。

一般的に、企業における従業員の給与の算定方法は、入社から定年までに支払う給与の総額と、その期間における企業に対する貢献度が一致するように設計されています。しかし、定年後の高年齢者の再雇用にこの仕組みを当てはめようとすれば、過払いなどの不具合が生じてしまいます。

定年再雇用者の働き方としては、主に3つの状況が想定されます。

- 定年後も定年前と同様の働き方で、貢献度が変わらない
- 定年前とは異なる職務に変更し、貢献度が変わる
- 定年前とは貢献度が変わると予想されるため、異動をはじめとする就業の自由度など、人材活用面において一定の制限がかかる

このため定年再雇用者に関しては、それぞれの状況に対して、過払いにならず、かつ均衡待遇となるような調整が必要です。従来の給与モデルとは異なる、新たな制度設計が必要となるのです。

「貢献度に適した給与モデルといっても、前よりも給与が減れば不満に思い、訴えられるのでは？」

このような懸念はあるでしょうが、定年後に再雇用された従業員が「定年前よりも収入が減った」と訴えを起こした過去の裁判では、最高裁は、最終的に、**原告が老齢厚生年金を受給する予定であることなどから、収入が下がったことは「不合理ではない」**と判断しています。

参考：判例紹介　長澤運輸事件（2018年最高裁）

定年後再雇用された嘱託職員のドライバー3名が、正社員との給与格差の是正を訴えた裁判です。第一審の東京地裁では、仕事内容や責任の程度が変わらない一方で、年収が定年前の79%に下がっていた点に関して「不合理」と判断されました。しかし、最高裁では、正社員と嘱託職員では給与体系が異なること、原告らが老齢厚生年金を受給予定であることなどから、仕事内容が同一でも定年前より収入が減ったことや、手当の一部や賞与が支給されなかったことは不合理ではないとしました。

◆タイプ④ 派遣労働者に対応する

法改正により、派遣社員についても制度が改定され、パートタイマーと同様に「同一労働同一賃金」ルールが適用されることになりました。ただし、派遣社員の場合は少しイレギュラーで、派遣元の会社（以下、派遣元）が**「派遣先正社員との均等・均衡待遇方式」か「労使協定による一定水準を満たす待遇決定方式」**のいずれかを選択できるという点で、他の雇用形態と異なっています。

〈派遣先正社員との均等・均衡待遇方式〉

派遣先社員の情報を比較対象として、派遣する社員の待遇を同等以上となるよう確保する方式です。

この方式を採用する場合、派遣元は、派遣する従業員の給与等の見直しを行わなければなりません。一方、派遣先の会社は、正社員の労働条件等について情報提供をする義務があります。この情報提供が行われない場合、労働者派遣契約を結ぶことができません。また、この情報が記載された書面（または写し）は、派遣先の会社および派

※派遣先正社員との均等・均衡方式の留意点①
各社それぞれから情報提供を受けることになる、提供された情報に基づいて待遇を調整する必要があるわけではありません。比較対象とする資料であり、同等以上の待遇を確保することが求められています。したがって、待遇決定そのものは派遣元事業者（雇用主）が行います。

遣元によって、3年間保管されなければなりません。

現在、この方式には次のような課題があります。

派遣元は、従業員の派遣先が変わるたびに情報開示を求めて待遇を調整する必要があるため、手続きが煩雑化します。さらに、正社員の給与が高いA社と、平均的な給与のB社があった場合、A社にばかり人気が集中して、B社やその他の会社を希望する従業員がいなくなってしまう可能性があります。

〈労使協定による一定水準を満たす待遇決定方式〉

派遣元事業者において、全労働者の過半数で組織する過半数代表者が協定を締結することで成立します（派遣社員だけで締結するものではありません）。

協定では、派遣社員の範囲、給与の決定方法、評価方法、待遇の決定方法、教育訓練、協定の有効期間、その他厚労省の定める事項について、文書の交付によって明示します。

この方式の場合、先のA社に派遣された従業員も、B社に派遣された従業員も、**派遣先の正社員の給与・待遇とは無関係に、同一の給与・待遇で働くことが可能**になり、

※派遣先正社員との均等・均衡方式の留意点②

たとえば、派遣先であるA社から時給900円、B社から時給950円との情報があったとします。B社からA社に派遣就労先が変わったからといって、待遇を調整するわけではないことに注意します。それを行うと不利益変更になります。

「派遣先正社員との均等・均衡待遇方式」で挙げたようなデメリットが生じません。

なお、労使協定の締結後は、この協定を社内で周知するとともに、当該派遣社員が労使協定の対象（協定対象派遣労働者）である旨を管理台帳に記入し、労使協定書を3年間保存する必要があります。

最後に、派遣元が従業員に対し、給与や待遇について説明する義務があることは当然ですが、派遣社員から「正社員との待遇差の内容や理由」など、自身の待遇について説明を求められた場合は、説明をしなければなりません。

4

「同一労働同一賃金」実現③ ルールを変更する

さて、話は戻りまして、本節では、**ステップ3**以降についてみていきます。

◇変更による影響を把握する

ステップ2の「待遇を検討・見直す」を行い、非正規社員の待遇改善によって起こると考えられるのは、**人件費の上昇**です。人事担当者は、非正規社員の待遇の見直しにあたって、人件費が現状よりどれくらい増加するのか、正確にシミュレーションをしたうえで、具体的な提案をする必要があります。

ステップ3「人件費をシミュレーションする」では、待遇見直し後の基本給や賞与の合計額を見積もり、人件費の予算を出します。

さらに、付加価値（粗利）を計算すれば、人件費にどれだけ分配したかを表す労働分配率（人件費÷付加価値）を求めることができます。総務省統計局の「経済センサス」や経済産業省のホームページなどに、労働分配率の業種別の平均値データなどが公開されているため、自社の数値と比較して参考にしてください。

自社の**労働分配率を客観的に把握することで、人件費だけでなく、売上や経常利益の目標設定にもつなげることができます**。

ここで「非正規社員の待遇を正社員に合わせるのではなく、逆に正社員の待遇を非正規社員に合わせて下げれば、人件費をかけずに均等・均衡待遇を実現できるではないか」と考える経営者もいるかもしれませんが、すでに述べた通り、厚労省が定めるガイドラインでは推奨されていません。**「労使で合意することなく正社員の待遇を引き下げることは望ましい対応とはいえない」と書かれています**。労使で合意すれば待遇の引き下げも可能、とも読めますが、待遇を下げることに喜んで同意する従業員は少ないはずです。

とはいえ、**同一労働同一賃金ルールを守ることに固執し、人件費が膨れ上がって経**

営難に陥ってしまっては、制度改革を行う意味がありません。

働き方改革は、スタートしたばかりです。さらに法改正が行われる可能性は十分にあるため、今後も目を離さないようにしましょう。

◆ルールを見直し待遇を変更する

最後の**ステップ4**は「就業規則や労働契約などのルールを変更する」です。**ステップ2**で作成した、従業員タイプ別の待遇に関する現状および変更点を記した一覧表（171ページ）を、就業規則や給与規定などに反映させていきます。

第3章で説明した通り、就業規則は、給与の決定方法や、賞与や福利厚生など、会社のルールを記載した文書です。法令に則って、労働組合の代表者または従業員の代表者の意見を聴取し、その意見をまとめた書面を添付したうえで、「就業規則（変更）届」を、所轄の労働基準監督署に提出しなければなりません。

ここでの注意点は、就業規則を変更することで**従業員の労働条件が不利益となる場合は、原則として従業員と合意する必要がある**ことです。また、もし合意を得ずに変更する場合も、その変更は必ず合理的でなければならないと定められています。

以上、現状把握から待遇の見直し、人件費のシミュレーション、就業規則の改定までの流れについて、4つのステップに分けてご説明しました。

次からは、基本給や賞与、手当、福利厚生などの待遇をどうするか。その選択肢について解説します。

◆基本給、賞与を見直す

〈基本給について〉

厚労省が2018年に発表した「同一労働同一賃金ガイドライン」は、待遇の相違が不合理か、不合理でないかについての原則となる考え方と具体例を示したものです。このガイドラインを参考に、自社の対応策を考えていきます。

ガイドラインには「正社員と同様の能力・経験のある短時間・有期雇用社員については同一の基本給を支給しなければならない。能力・経験に相違がある場合は、その相違に応じた基本給を支給する」と記されています。
具体的な対応としては、すでに述べたように、

①非正規社員の給与ルールを正社員の制度と同一にする
②正社員・非正規ともに共通の等級制度を新たに創設する
③現状を維持する

などの選択肢が考えられます。

②のような等級制度を設けた場合、たとえば「非正規社員は6等級まで昇給できる」「非正規社員の給与水準は同じ等級の正社員の9割とする」といった**ルールを設ける**ことで、正社員・非正規社員の棲み分けを図ることができます。

③のように現状の制度を維持する場合は、正社員と非正規社員との**仕事の区分を明確にします**。たとえば「責任範囲が異なるため、正社員には販売ノルマがあるが、短時間・有期雇用労働者にはノルマがない」など、現状の給与・待遇の違いが不合理でなく妥当であることをきちんと説明できるようにすることが不可欠です。

基本給水準をつくって待遇を見直す

等級	正社員（　）内は時給換算	契約社員	パート・アルバイト
7等級	527,850円～606,050円（3,105円～3,565円）	－	－
6等級	469,200円～527,850円（2,760円～3,105円）	2,484円～2,795円	－
5等級	410,550円～469,200円（2,415円～2,760円）	2,174円～2,484円	－
4等級	351,900円～410,550円（2,070円～2,415円）	1,863円～2,174円	1,656円～1,932円
3等級	312,800円～351,900円（1,840円～2,070円）	1,656円～1,863円	1,472円～1,656円
2等級	273,700円～312,800円（1,610円～1,840円）	1,449円～1,656円	1,288円～1,472円
1等級	234,600円～273,700円（1,380円～1,610円）	1,242円～1,449円	1,104円～1,288円

正社員の基本給レンジでも等級間の重なりをなくす設定により、同じ等級に長期間とどまる正社員の賃金を一定水準に抑えることができる（年功要素を排除）。なお手当はシンプルに役職手当、通勤手当、残業代のみ。正社員だけではなく、契約社員とパート・アルバイトにも適用している。

〈賞与について〉

ガイドラインでは、「会社の業績等への貢献に応じて支給するものについて、正社員と同一の貢献である非正規社員には、同一の賞与を支給」「貢献に一定の相違がある場合においては、その相違に応じた賞与を支給」しなければならないとされています。

多くの会社で、正社員には賞与を支給し、非正規社員には支給していないというケースが見受けられますが、今後は非正規社員に対する賞与の支給についても検討していかなければなりません。とはいえ、賞与制度の変更は、基本給の制度変更と同様、人件費も労力もかかりハードルが高いので、自社に見合った慎重な検討が必要です。

具体的な方針としては、基本給の場合と同様に、**①正社員と同一の制度を非正規社員にも適用する**。または、**②非正規社員の賞与額を引き上げる**。すぐに制度変更できない場合は、善後策として、**③賞与に関する判例の動向を踏まえながら今後の対応を検討する**とよいでしょう。

次の例も、参考にしてください。（「同一労働同一賃金ガイドライン」より抜粋）

問題となる例

正社員に対しては職務内容や会社の業績等への貢献等にかかわらず全員に何らかの賞与を支給しているが、非正規社員には支給していない。

問題とならない例

正社員Aは、品質の目標値に対する責任を負っており、目標値を達成していない場合、待遇上の不利益を課されている。一方で、パート従業員Bは、Aに課されているこの責任を負っておらず、待遇上の不利益を課されていない。Aに対しては賞与を支給するがBに対しては賞与を支給しない。

「問題とならない例」は、**待遇差がある合理的な理由をきちんと文書化している例**です。今すぐ制度変更をせずに現状を維持する場合は、「基本給について」の場合と同様に、説明を求められた場合に、待遇差を設けている合理的な理由について説明できるよう備えておく必要があります。

◇手当・福利厚生・教育訓練を見直す

手当・福利厚生・教育訓練については、基本給や賞与に比べて人件費に与える影響が比較的小さいため、改善に取り組みやすいと言えるでしょう。

〈手当について〉

ガイドラインには、精皆勤手当については「正社員と同一の業務内容である非正規社員には、正社員と同一の手当を支給」、時間外労働・深夜労働または休日労働に対して支給される手当については「正社員と同一の割増率等で支給」、通勤手当・食事手当・地域手当・特殊作業・特殊勤務手当については「正社員と同一の手当を支給」しなければならないとされています。

一方で、右記の手当に比べて、支給金額が高額になる家族手当・住宅手当・退職金についてはガイドラインで具体的には触れられず、「不合理な待遇差を解消する」と記載されているのみです。

参考：ハマキョウレックス事件（2018年最高裁）

契約社員のドライバーが、「正社員にのみ諸手当等が支給されるのは不合理である」として差額の支給を求めた事件です。最高裁は、通勤手当・皆勤手当・給食手当・作業手当・無事故手当については、支給されないのは「不合理である」としました。ただし、住宅手当については、契約社員には転勤がないため、支給されないことは「不合理ではない」と判断しました。

以上より、手当の見直しで考えられる選択肢には、次のようなものが考えられます。

- 職務内容の違いに左右されず正社員と同一の条件で支給するようガイドラインに記載されている手当（通勤手当や精勤手当等）を、勤務時間による金額差は設けつつ、正社員と同一の条件で支給する
- ガイドラインに記載されているすべての手当（家族手当・住宅手当・退職金以外の手当）を、

勤務時間による金額差は設けつつ、正社員と同一の条件で支給する。

- 前述の2つのいずれか一方を選択し、さらに家族手当・住宅手当・退職金についても、正社員と同一の条件で支給する

〈福利厚生施設の利用〉

福利厚生施設の利用は正社員と同一の利用を認めること、慶弔休暇・病気休職については正社員と同一の休暇・休職の取得を認めることと定められています。休暇や休職に関して、正社員と非正規社員で差を設けている会社は、早急に是正すべきでしょう。

〈教育訓練〉

教育訓練については、「正社員と同一の職務内容であれば同一の教育訓練を実施しなければならない」とし、「職務の内容に一定の相違がある場合においては、その相違に応じた教育訓練を実施しなければならない」とされています。

第5章

「給与・評価見直し」プロジェクトはこう進める

1 見直すならプロジェクト化しよう

◆従業員のためにもクオリティーを重視する

ここまで、人事評価制度および、就業規則や社内規程の見直しについてご説明してきました。この章では、そうした制度の見直しを社内の誰と一緒に、どのように進めるべきか、その方法の概略をお伝えします。

これらの制度見直しの際には、社長と幹部の意見が対立して結論が出ず、方向性が決まらないという事態が起こり得ます。そもそも、制度の見直しには決まった「正解」がありません。どうしても、議論が平行線をたどってしまいがちなのです。

絶対的な正解はないとはいえ、従業員の多くが納得できる、会社にとっての最適解を見つけることは可能です。そのためには、社長や幹部だけで方向性を決めようとするのではなく、現場を支える従業員はもちろん、社労士や税理士などの専門家の力も借ります。会社全体を巻き込んだプロジェクト体制を構築し、合意形成を図りながら進めることが重要です。

プロジェクト構築というと、

「従業員にも協力してもらうなら人件費がかかるし、専門家へのコンサルタント料も必要になるから、かなりのコストがかかるのでは？」

「大人数の意思決定には時間がかかるのでは？」

このように懸念する人もいると思います。

確かに、十分な検討を行うために専門家や複数の従業員をプロジェクトメンバーに加えれば、新たなコストが発生します。また、大人数で検討するよりも社長ひとりで考えたほうが、社長の思いを入れやすく、決定までの期間も短くすむかもしれません。

しかし、**コストをかけずに独学や独自解釈で作成した制度には、必ず穴が存在します**。従業員から訴えられて罰金を支払うというリスクがついてまわるのです。

一方で、現場の声を集めて反映させようとすれば、手間隙がかかる作業になりますが、従業員にとって納得できる評価制度になったり、モチベーションが上がる等級制度をつくれる可能性が高くなります。

さらに、従業員の他に外部の専門家をプロジェクトメンバーに加えれば、制度のクオリティーが高まります。従業員の働きやすさを担保するだけでなく、専門家の正しい法律解釈によってつくられているため、穴の心配がありません。万が一「不合理である」と従業員に訴えられたとしても、会社を守ってくれる心強い味方になるはずです。

また、必要データの収集、検討、仮説の構築なども、専門家が持つデータやノウハウを提供してもらい、アドバイスを受けながら取り組んだほうがスピーディーに進むでしょう。

コストを重視するか、クオリティーを重視するか。どちらを選ぶかは自由です。ですが、経営者であれば、「従業員には可能な限り良い待遇で働いてもらいたい」「子育てや介護などのプライベートも充実させて、いきいきと働いてもらいたい」と思うのではないでしょうか。

長い目で見れば、多少のコストや労力がかかるとしても、従業員や専門家の協力を得てプロジェクトを立ち上げ、制度見直しに取り組んだほうが安心であると思われます。

◆本書で提案するプロジェクトの全容を再確認する

第2章では人事評価制度の見直しと構築、第3章では就業規則や社内規程の見直しと変更、第4章では労基法や働き方改革関連法に適したルールづくりについて述べました。

それぞれのテーマに取り組むとき、各テーマに対応したプロジェクトは次の通りです。

【人事評価制度見直しプロジェクト】

従業員にとって納得感のある人事評価制度の構築を目指すプロジェクトです。

経営理念と経営計画、人事ポリシーを大前提とし、成果や成長性に見合った適切な給与額を支払うことで、**「従業員のモチベーション維持」と「人件費のコントロール」が両立する制度の確立を目指します**。このプロジェクトでは次の3つの制度に対して見直しを行い、必要に応じて変更、再構築します。

- **等級制度**：全社または部門別の「理想的な従業員」を明確化した人材モデルをつくり、各人材に求める成果・能力・態度から等級基準を定めていきます。重要視する能力によって、等級制度の種類（職能等級制度、職務等級制度、役割等級制度）も変わります。

- **報酬制度**：自社における適切な給与額を定めるため、現在の給与を多角的に分析して課題を抽出し、解決を図ります。支給項目を整理し、手当の見直しを行い、支払いのルールを決定します。また、賞与の根拠や掛率についても検討します。
- **評価制度**：個々の従業員が等級基準にどれくらい到達したかを判断するため、評価目標と達成基準を定めます。評価目標が定性的な場合は、達成基準を具体的な数字や言葉に修正することで、最終評価点への納得感が高まります。その後、最終評価点に対するランク付け方法（絶対評価か相対評価）を決定し、最後に昇進・昇格・降格のルールを定めます。

【就業規則・社内規程見直しプロジェクト】

変更した人事評価制度はもちろん、就業規則や社内規程を労基法と照合し、労使トラブルによる会社の疲弊防止を目的とするプロジェクトです。労基法に即した規則や規程を新設したり、人事評価制度を実現するために見直しが必要となる場合もあります。

このプロジェクトでは、主に、次の5点に対する把握に努めます。

- **就業規則**：絶対的必要記載事項（業務時間や休暇、賃金、退職や定年など）はもちろん、相対的必要記載事項やパートタイマー専用の就業規則を含めて、労基法に沿っているか確認します。
- **労働条件通知書**：明示しなければならない項目（契約期間や就業場所、業務内容、始業、終業時刻、休日、賃金の計算方法など）が記載されているか確認します。
- **給与規程**：会社は給与を「通貨」で、「直接、従業員」に「全額」を、「毎月1回以上」「一定の期日を定めて」支払わなければなりません。給与体系や給与形態、給与改定、賞与などのルールに違反がないか、確認します。
- **人事考課規程**：人事評価方法、評価対象期間、評価者などを明確に定めているか。さらに人事評価の手法や基準をはじめとする詳細な運用ルールの記述があり、実際にその通りに評価が行われているかを確認します。
- **関連規程**：休職に関する規程、育児や介護など休業規程、定年退職に関する規程、職務発明規程などについても、労基法違反がないか確認します。

【働き方改革関連法対策プロジェクト】

「働き方改革関連法案」の内容を正しく把握し、改正法に対応した環境整備を行うことで離職や労務トラブルの防止、企業イメージ向上を目的とするプロジェクトです。「同一労働同一賃金」を実現するため、次の4ステップによって、非正規社員の雇用形態別の対策や、給与制度等の見直しを進めていきます。

① 各従業員の働き方の現状を洗い出す

正社員（異動あり・異動なし）、パートタイマー、契約社員などの従業員タイプ別に、現在の職務内容と責任の程度、配置の変更範囲などを洗い出し、同一労働かどうかを判断します。

② 待遇の検討・見直し

「全国転勤可の正社員」と、その他の正社員および非正規社員の給与面、福利厚生面、教育面を比較し、不合理な差があれば公平な扱いとなるよう調整します。その際、短期・有期雇用労働者は「パートタイム・有期雇用労働法」、派遣労働者は「労働者派遣法」、定年後嘱託職員は「高齢者雇用安定法」などの関連法に抵触しないよう注意が必要です。

③ 人件費のシミュレーション

②の結果、基本給や賞与の合計額を見積もり、人件費の増減がどうなるかシミュレーションを行い、待遇を決定します。さらに労働分配率を算出すれば、売上や経常利益の目標設定にもつなげることができます。

④ 就業規則や労働契約などのルール変更

③の決定を就業規則や労働契約などに反映させます。従業員にとって不利益な変更となる場合は、原則として従業員と合意する必要があります。

これらのプロジェクトを完遂した暁には、成果に見合った報酬を支払えるようになるため、人件費のコントロールが可能になるとともに、従業員の意欲向上が実現するでしょう。法律違反や罰則も回避できるようになり、さまざまなメリットがもたらされるでしょう。

次節で、プロジェクトメンバーの選び方や、プロジェクトの進行方法、専門家の選び方などのノウハウについて解説します。ぜひ、自社の制度改正に向けたプロジェクト編成の参考にしてください。

2 プロジェクトメンバーを決めよう

◇目的は「経営課題の解決」

プロジェクトを立ち上げる前に、制度改正を行う目的をここでもう一度、確認しておきましょう。

なぜ、今、給与・評価制度の見直しを行うのでしょうか？

「改正法に対応した制度づくり」は必須ですし、本書の冒頭で述べた「人件費のコントロール」も目的のひとつですが、それだけではありません。

最終的な目的は、「経営課題を解決すること」です。

法律に抵触せず、人件費を抑えることのみをゴールとしてしまえば、真の意味でクオリティーの高い制度になりません。従業員がやりがいや意欲を持って業務に取り組み、会社が求める人材へと順調に成長していき、業績が伸びて経営計画が達成される――そう、最終的なゴールは、会社の経営をよりよくするための課題解決なのです。必要な人員を集めて、時間とコストをかけてプロジェクトを進めるうえで、このことを忘れてはなりません。

さて、実際にプロジェクトを進めるにあたり、主要メンバーとなる社長、人事部長、労務担当者以外、どのような人物をメンバーに加えたら、よりよいチームが編成できるでしょうか。

メンバー選出の基準としてお勧めしたいのは、次の2点です。

- **制度運営に携わっており、改定ルールの浸透にプラスに働く人物**
- **現場に対して強い問題意識を持っている人物**

苦労して新しい制度をつくっても、現場で有効活用されなければ意味がありません。

そのため、新制度を速やかに浸透させられる現場の責任者などを選びましょう。

逆に言えば、現場の人間をチームに加えずにプロジェクトを進めれば、「現場にそぐわない」等の批判や不満が噴出し、運用時にトラブルとなる可能性があります。たとえば、部下の評価を行っているマネージャーは「この評価項目はもっと重要度を上げるべきだ」「この評価基準はもう古い」等、現行制度の課題を認識しています。人事評価制度見直しプロジェクトにそうした人物を加えず、現在の課題を汲み取らないまま新制度を押し付ければ「こんな内容で評価したくない」という抵抗感を生んでしまうでしょう。

労務問題や法律の知識がある人だけでなく、現場でその制度を運用する人や、現場の状況をよく理解している人も、必ずチームに組み込むようにしましょう。

また、プロジェクトメンバーの人数は「6人以下」が最適です。7人以上になると合意形成が困難になり、さらに「同意します」「いいと思います」など、自分の意見を言わないメンバーが出やすくなってしまうためです。

プロジェクトの進め方は、プロジェクトの目的と会社規模により異なります。そのため、参考までに「人事評価制度見直しプロジェクト」の基本的な手順をご紹介いたします。

◆社長の気持ちを形にできるメンバーは誰か？

経営課題の解決をゴールに据えるなら、まず「自社の真の経営課題」を明確にする必要があります。そのために、経営者および従業員に対するヒアリングを実施します。

社長に対するヒアリングでは、人件費やマネージャー育成など、解決によって経営にプラスの効果が見込める課題、優先順位が高い課題について語ってもらいます。それをプロジェクトメンバーに伝えることで、注力すべき人事課題を共有することができます。

社長に対するヒアリングは、人事部などのプロジェクトメンバーが行うのが適切でしょう。社長にとっては「普段なかなか話せない経営に対する思い」を吐き出せるよい機会であると同時に、メンバーにとっては「社長の思いを引き出す」重要な役目を担うことになります。そのため、インタビュアーの人選には、社長に対してアポイントが取れる、期限を守るよう臆することなく発言できる、さらに、社長にとって「話しやすい相手」であることが重要です。

限られた期間内で有用な情報を得るためには、インタビュアーは次のようなポイントを押さえてヒアリングを進めていきます。

- 後回しにされないよう、あらかじめ完了期限を伝えておく
- 外出が多くヒアリングの時間が取れない場合は、ヒアリングシートを渡し、メールなどでやり取りをする。
- 外出が少ない場合は、アポイントを取ってインタビュー形式でヒアリングシートを埋める
- 社長の思いを言葉にできる代理人を指定してもらい、代理人に対してヒアリングを行う

また、社長は自分の思いを期間内に正しく伝えられるよう、次のようなことを実行しておきましょう。

- 「○月○日までに話す」と、自分で期限を定めておく
- プロジェクトメンバーにアポイントを取るよう、秘書に指示しておく

・急な予定変更でインタビューがキャンセルになっても、自分の思いが伝わるよう、紙に書き出しておく
・自分の気持ちを代弁できる人物を、代理人として選出しておく

◆従業員の声を集められるメンバーは誰か?

従業員へのヒアリングでは、制度について「どう感じているか」を聞き出します。不安や不満、疑問などを解消するため、課題を抽出することが目的です。「生の声」を聞き出す質問が中心になるため、従業員に声掛けがしやすい、コミュニケーションが取りやすい人物を担当者に選ぶことが肝要です。

対象は、幅広い階層、年代、職種から満遍なく選ぶようにしましょう。社内に現場作業員とデスクワーカーの両方がいる場合も、どちらかに偏らせず、両者ともヒアリング対象に含めるようにします。人数の目安としては、従業員数100人規模の会社の場合で、10人程度です。

従業員へのヒアリングの際、予測できるトラブルは次の2点です。
①「回答は仕事のうちには入らない」と後回しにされ、回収が滞る
②「書いたことが評価に影響するのではないか」という懸念から本音を回答しない
そこで、実施にあたっては問題を先回りした工夫が必要となります。たとえば、事前にヒアリング対象の直属の上司に了承を得て、そのうえで依頼します。これにより、部下はヒアリングを業務としてとらえ、提出期限も守るようになります。

また、次の内容を、ヒアリングシートを渡す際に口頭で伝える、もしくはシートの余白部分に記入するとよいでしょう。

- **ヒアリングの実施目的と、回答のメリット**
- **回答は従業員の意識調査をのみ目的とするものであり、今後の処遇に一切影響しない**

ヒアリングの目的が「より働きやすい職場づくりのため」や「より納得できる人事評価制度をつくるため」であるとわかれば、待遇改善などのメリットが期待できるため、回答へのモチベーションが向上します。さらに、回答が目的以外に使用されない

ヒアリングシートのフォーマット例

この度、アンケートを実施させて頂きます。回答内容を元に職場内の課題をみつけ、より働きやすい環境を作るための改善策を決定し実施してまいります。業務で忙しいとは思いますが、ご協力よろしくお願いいたします。（所要時間1～3分）
※回答結果は職場環境の改善を目的として利用いたします。
※記入内容は人事評価・処遇に一切影響しませんので、ぜひ「本音」でご記入ください。

Q1. あなたの年代を選択ください。 回答結果［　］
a）10代後半　b）20代前半　c）20代後半　d）30代前半
e）30代後半　f）40代前半　g）40代後半　h）50代～

Q2. 在籍期間を選択ください。 回答結果［　］
a）1～3年　b）4～5年　c）6～10年　d）11年以上

Q3. 所属している部門を選択ください。 回答結果［　］
a）営業部　b）開発部　c）制作部　d）総務部

Q4. ご自身の役職を選択ください。 回答結果［　］
a）一般　b）マネージャー 経営幹部

Q5. ご自身の職種を選択ください。 回答結果［　］
a）営業職　b）経営企画　c）映像制作　d）経理　e）総務

Q6. 仕事を続けていくにあたって不安に感じることを選択ください。（複数回答可） 回答結果
a）頑張っても評価されない □
b）昇給できるイメージがわかない □
c）キャリアアップできない □

Q7. 今まで目標達成意欲が下がった理由として、思い当たることを選択ください。（複数回答可） 回答結果
a）上司との人間関係がよくない □
b）評価基準があいまい □
c）目標達成時の昇給額がわからない □

Q8. 今までキャリアアップに対する意欲が下がった理由として、思い当たることを選択ください。（複数回答可） 回答結果
a）昇進ルールがあいまい □
b）役職に見合った給与が払われない □
c）関わりたい仕事がない □

Q9. 以下の点は、どのくらいあなたの状況にあてはまりますか？ 回答結果
1…あてはまらない　3…ややあてはまる
2…あまりあてはまらない　4…あてはまる
a）どのような成果を掲げると評価されるか理解している。［　］
b）どのようなプロセスをふんで仕事をすると評価されるか理解している。［　］
c）期末に会社がどのような状況だと自分の賞与が増えるのか理解している。［　］
d）期末に自分がどのような結果を出すと自分の賞与が増えるのか理解している。［　］
e）どのような成果や仕事ぶりを認められれば、昇進できるのか理解している。［　］
f）どのような手順をふめば、昇進が承認されるのか理解している。［　］
g）昇進や人事異動の結果、給与がいくらとなるか理解している。［　］

Q10.上記(a)～(g)の質問にて「あてはまらない」と回答した理由を詳しくご記入ください。
「あてはまらない」と回答した問いと理由

No.1	
No.2	
No.3	

ご協力ありがとうございました。

（たとえば上長への情報提供などは行われない）と明言されていれば、より安心して本音を出してもらえるでしょう。

その他は、インタビュー形式の場合はアポイントを取る、メール添付などでデータのやり取りを行うなど、社長へのヒアリングと同様に、ヒアリング対象の外勤・内勤の頻度に応じた工夫をしましょう。

◆雇用契約内容と給与がわかるメンバーは誰か？

ヒアリングの回答データだけでは、その従業員が感じていることを他の従業員も感じているのか、それとも個人の主観にすぎないのか、区別することはできません。たとえば、ある従業員が「業務量に対して給与が低い」と感じていたとしても、業界の年代別平均年収と比較をすれば「客観的に見て低くはない」と判断される場合があります。

つまり、真の経営課題を見つけるためには、

手順① 客観的な情報から仮説を立てる
手順② ヒアリングによってその仮説を検証する
手順③ 本質的な課題を特定する

このような手順が必要なのです。

この検証を行うためには、従業員の雇用契約内容や給与などの個人情報データを把握している人物に、プロジェクトメンバーとして参加してもらう必要があります。

具体的には、まず、ヒアリング対象となった従業員の雇用契約の形態、給与水準、勤続年数、役職などの個人情報データをもとにブレインストーミングを行い、その従業員がどのような課題感を持っているのか、仮説を立てます。

次に、対象者のヒアリングの回答データと照らし合わせて、その従業員が本当にその仮説通りに感じているかどうかを検証します。

仮説と回答が合致していれば、その仮説が「真の経営課題」となります。合致しなければ仮説が間違っているため、個人情報に回答データを加えて、課題の本質がどこにあるのかを検討します。

経営課題を特定したあとは、その解消をプロジェクトの目的とします。等級や評価制度の改善が必要であれば「人事評価見直しプロジェクト」を、給与や待遇、職場環境の改善が必要であれば「働き方改革関連法対策プロジェクト」(必要に応じて「人事評価見直しプロジェクト」も) を立ち上げ、改定の後は「就業規則・社内規定見直しプロジェクト」で労働保険に適合するかの確認を行います。

3　アドバイザーを決めよう

◆労務および最新の法改正に精通したメンバーはいるか？

法律に則った制度づくりのためには、法律および労務問題に精通しており、アドバイザーの役割を果たすメンバーの存在が不可欠です。

法律には、当事者の合意の如何にかかわらず成立し、守らなければ処罰の対象となる強行法規と、当事者同士の契約によって変更可能な任意法規があります。労働に関する強行法規としての法律には、次のようなものがあります。

労働基準法、労働安全衛生法、労働者災害補償保険法、最低賃金法、男女雇用機会均

等法、パートタイム・有期雇用労働法、育児介護休業法、雇用保険法、健康保険法、厚生年金保険法

労働に関係する強行法規だけでも、これだけたくさんの法律があるのです。かなりの知識量が必要なことがわかるでしょう。罰則の根拠となるこれらの法律について把握して、はじめて「法律を守った制度」をつくることができるのです。

また、厚労省の行政通達も把握し、どのような場合に労働裁判になりうるかを判断するためには、判例の知識も必要です。

さらに、第4章の「働き方改革関連法」で紹介したように、政府は社会情勢に合わせて法改正を繰り返しています。コロナショックによって労働環境そのものが大きく変化し、今後も改正が繰り返される可能性は大いにあるため、最新の法改正のチェックも不可欠です。

そうした知識を豊富に持ち、常に最新情報を把握している従業員が、社内にいるでしょうか。心当たりがない場合は、社労士をはじめ労働法の専門家に依頼し、アドバイスを受けることをお勧めします。

◇専門家にアドバイスを受けることを考えよう

法律には多岐にわたる分野があり、「法律の専門家」と一口に言っても、個々の得意分野はさまざまです。たとえば、就業規則の見直しと、等級制度の構築では、関連する法律が異なります。そのため、プロジェクトで見直す制度に関連した法律に特化した専門家を探すことが大切です。

どのようにして、専門家を探したらよいでしょうか。

まず思いつくのは、**インターネットを使った検索**です。ブログや個人サイト、メールマガジン、ＹｏｕＴｕｂｅ等で情報発信を積極的に行っている人は、最新情報に明るい可能性が高いと考えられます。また、セミナー講師として活躍している人、本を出版している人に連絡を取ってみるのもいいでしょう。

そして、次に考えられるのは、**他分野の専門家からの紹介**です。弁護士や社労士、税理士などの士業は互いにコネクションを持ち、協力しながら仕事をしているケースがほとんどですので、提携している他分野の専門家がどれくらいの知識を持っているのか、何が得意であるのかを把握しています。「○○に詳しい専門家を探しているのですが……」と相談をすれば、快く紹介してくれるはずです。すでに士業とつながりがある場合は、目的の分野に詳しい知り合いがいないか、聞いてみるのも手でしょう。

◆専門家に見直しを手伝ってもらうと改善が早い

労働法の専門家であっても、その経験や実績は千差万別です。他社で同様のプロジェクトに携わった経験がある人なら、専門知識だけではなく、トラブルが発生した事例や、その解決方法、その事例から生まれた予防策など、豊富なノウハウを持っている可能性が高いでしょう。

そのような人をアドバイザーに迎えることができれば、プロジェクトの進行に関するアドバイスなど、一歩踏み込んだ協力が得られるかもしれません。業務に支障をきたすことなく、スムーズに生み出された制度であれば、従業員の抵抗感がより軽減されるでしょう。

専門家を選ぶときは、そのような点も考慮に入れることをお勧めします。

中小企業を応援する士業の会

小林　信幸

■特定社会保険労務士・特定行政書士・キャリアコンサルタント・終活カウンセラー上級

当事務所の行動指針は､｢コーチ役」に徹したお付き合いです。正解･不正解のみを返す「審判」では終わりません。不正解に対しては､｢今後どういった作戦で臨むか？｣までを共に考えるチーム（=御社）の「打撃コーチ」「投手コーチ」であり続けます。そして限られた経営資源の中小企業様のために、「今ある戦力のどの部分を優先的に補強するのか」といった視点で、監督(=経営者)をサポートしていくことを信条としています。会社の継続的な発展のために､｢Next(次なるステージ)」を目指していただき、その過程において少しでもお力になれれば幸いです。

こばやし行政法務・労務管理事務所

〒 329-0605　栃木県河内郡上三川町大字西蓼沼 662-1
TEL：0285-37-8901　FAX：0285-37-8902
E-mail：n.koba-sr.gs@globe.ocn.ne.jp　URL：http://www.kobayashi-sr-gs.jp

井餘田　和徳

■代表社員・社会保険労務士

2001 年に開業して以来 20 年､多くの企業の成長をサポートしてまいりました。制度一つの使い方で会社は大きく変わることができます。従業員の現状に対する不満を吸い上げ、できるだけ多くの従業員が将来この会社で働くことに夢が持てるような仕組みづくりを一緒に考えて行きたいと考えております。制度そのものだけでなく、メンテナンスする人材の育成、導入に活用できる助成金・補助金提案など様々な視点でサポートいたします。

社会保険労務士法人イージーネット

〒 166-0004　東京都杉並区阿佐谷南 3-37-13-705
TEL：03-5335-7606　FAX：03-5335-7609
E-mail：iyota@eg-net.com　URL：http://eg-net.com/

井上　朋彦

■税理士

地元岸和田で開業し約 30 年。お付き合いの長い法人様には、その規模に合わせた組織コンサルや人事コンサルを提案させて頂いています。売上が伸びない、売り上げが伸びているのに会社が成長しない、などのお悩みは、人事制度や給与評価に課題があるケースがあります。見えなかった課題が見つかることもありますので、お気軽にご相談ください。こちらの書籍をご覧頂いた方は、初回 60 分のご相談を無料でお受け致します。

井上朋彦税理士事務所

〒 596-0045　大阪府岸和田市別所町 3-1-8
TEL：072-422-5632　FAX：072-436-0600
E-mail：info@inouekaikei.com　URL：https://kishiwada-keiri.com/

嶋﨑　豊人

■社会保険労務士・CFP

「人事・労務に関する相談」「人事制度・賃金制度の策定」「助成金相談」「電子申請による社会保険の手続代行」等ご要望に合わせた労務サポートを提供しています。最新のクラウド勤怠システムやクラウド給与ソフトにも対応し、中小企業の経営者が本業に専念できる環境づくりをお手伝いします。お気軽にお問い合わせ下さい。

社会保険労務士法人あいわ Office

〒 751-0873　山口県下関市秋根西町 2 丁目 3-7NC ビル 2 階
TEL：083-227-4558　FAX：083-227-4568
E-mail：info@aiwa-office.com　URL：https://aiwa-office.or.jp

濱口　貴行

■特定社会保険労務士／行政書士

社長のビジョン、応援します！経営者の悩みを解決する労務コンサルタントとして、労務関連手続きだけでなく、経営数字を使った人に関する意思決定のお手伝いや、社員との立場の違いからくる危機感や認識のズレを縮めるために社員面談も行っています。昨今は、SDGs の導入支援を通じ、地域社会で愛される持続可能な企業創りにも注力しています。IT 導入支援や先端的かつ斬新な取組みで、貴社の発展を共に考えてまいります。

社労士・行政書士はまぐち総合法務事務所

〒060-0806　札幌市北区北 6 条西 6 丁目 2　福徳ビル 3F
TEL：011-738-2255　FAX：011-738-2256
E-mail：info@office-hamaguchi.com　URL：http://www.office-hamaguchi.com

佐伯　和則

■社会保険労務士・キャリアコンサルタント・採用定着士

「3 年後の経営目標を描いていますか？」その達成に人事労務から全力支援し、ワクワクするサービスをご提供します。「採用と定着」「助成金」「労務問題相談」等の手続きとコンサルティングを行っております。また、障害年金の請求（申請）手続きも行っております。ワクワクする 3 年後に向け、ぜひお手伝いをさせて下さい。

さえき HR 社労士事務所

〒670-0965　兵庫県姫路市東延末 1-4　東亜ビル 8F
TEL：079-289-5623　FAX：079-289-5624
E-mail：info@saeki-hr.com　URL：https://ar-navi.com/?p=649　https://hyogo-harima-shogainenkin.com/

江守　章二

■社会保険労務士

自らも売上 10 億円を超える中小企業経営者（創業者）である傍ら、社労士資格を取得し、経営者の立場がわかる社労士として活躍中。クライアントの労務紛争解決や事前予防対策、IT 化支援、助成金申請などが強み。複数スタッフによるスピード対応を信条とする。

社会保険労務士法人ビジネスパートナー

〒604-8151　京都市中京区橋弁慶町 222 平井ビル 5 階
TEL：075-256-8600　FAX：075-320-1744
E-mail：info@bpsr.jp　URL：http://www.bpsr.jp

柳原　元気

■社会保険労務士・TOEIC835

元愛知労働局職員。法テラス登録通訳人でもあり、外国人関係にも明るく他士業との連携もスムーズです。会社の健全な発達を総合的に支援することを大切にしています。「将来を安心して考えられる会社」「持ち味を発揮できる会社」「ちゃんと評価してくれる会社」「辞めたくないと思う会社」づくりのために、会社の制度（給与、評価、福利厚生など）を決める際に行う「全従業員面談サービス」は非常に好評をいただいております。

げんき社会保険労務士事務所

〒500-8429　岐阜県岐阜市加納清水町 1-14-1
TEL：058-215-1967　FAX：058-215-1968
E-mail：info@genki-sr.com　URL：https://www.genki-sr.com

三原　靖

■特定社会保険労務士・代表社員

当事務所は、「至誠」を理念としお客様の立場に立った誠心誠意の対応を心掛けています。経営理念に基づく賃金・評価制度の構築や従業員教育の支援に力を入れ、これまでの実績は100社を超えています。また「労務手続代行」「給与計算代行」「助成金申請代行」などアウトソーシング業務から弁護士と連携した手厚い労務相談への対応など、人事労務業務全般について、お客様の相談や要望や問題解決を図り、地域トップクラスの事務所として高い満足度と信頼をいただいています。

社会保険労務士法人九州人事マネジメント

〒802-0001　福岡県北九州市小倉北区浅野2-14-1　KMMビル404
TEL：093-513-8800　FAX：093-513-8802
E-mail：jimusyo@sr-kyusyujinji.com　URL：http://sr-kyusyujinji.com

久保田　利彦

■所長・社会保険労務士

当事務所は、経営者の皆様の労務についての課題解決をお手伝いいたします。「労務管理」「助成金」「就業規則」「労務トラブル解決支援」「給与計算」等ご要望に合わせた労務サポートを提供しています。働き方改革により労務コンプライアンスの重要性が増しています。法律に縛られるのではなく、法律を活用することをモットーにしています。初回相談は無料で承ります。お気軽にお問合せください。

久保田社労士事務所

〒420-0886　静岡県静岡市葵区大岩2-34-17
TEL：054-249-1127　FAX：054-249-1128
E-mail：k-roumu@ai.tnc.ne.jp　URL：http://k-roumu.jp/

大参　直子

■特定社会保険労務士・年金マスター・医療労務コンサルタント・FP・行政書士試験合格

労使トラブル、問題社員への対応など法的・経営的に的確な判断に基づき迅速な問題解決を図ります。リスク回避の就業規則の提案も得意としています。最新のクラウドによる労務管理手続き・給与計算に対応。さらに助成金受給支援にも力を注ぎ、企業の経営の効率化に貢献しています。年金申請実績は数万件に及び、社員・役員のライフデザインに至るまで幅広い相談に応じ、その満足度に定評を頂いています。初回相談は無料。お気軽にご利用下さい。

社会保険労務士事務所　みらいサポート

〒446-0046　愛知県安城市赤松町新屋敷70
TEL：0566-75-5590　FAX：0566-75-5850
E-mail：omi6064@ruby.ocn.ne.jp　URL：http://www.omi-office.com/

濱口　康幸

■社会保険労務士・代表

“お客様の悩みを解決し、夢を叶えるお手伝い”をミッションとして、「社員を育成し、業績の向上も実現する評価制度」「様々なトラブルを解決、未然防止する就業規則」「トラブルを解決、事前回避する人事労務相談」等のサービスを中心に中小企業・個人事業主様をサポートさせていただいております。人事労務の観点から、お客様の会社の業績アップのために何ができるかを日々考えて、多くの提案をしていきます。

岡山中央社会保険労務士法人

〒710-1101　岡山県倉敷市茶屋町233-2 茶屋町スタディビル302号室
TEL：086-436-6286　FAX：086-436-6287
E-mail：info@ocsr.or.jp　URL：http://www.okayama-jinjisupport.com/

杉山　晃浩

■採用定着士・特定社会保険労務士

中小企業が陥りがちな採用失敗リスクを軽減し、自社に必要なコア人材の採用と定着には人事評価制度が有効です。人事評価制度を整備し、採用、育成、増益に活用するコンサルティングを、全国を対象に年間 10 社限定で杉山が直接支援しています。全国 TOP レベルのノウハウを持ち宮崎県から全国対応している珍しい事務所です。共著、「新採用戦略ハンドブック（労働新聞社）」「労務管理の実務がまるごとわかる本（日本実業出版社）」他

特定社会保険労務士杉山晃浩事務所

〒 880-0211　宮崎県宮崎市佐土原町下田島 20034 番地
TEL：0985-36-1418　FAX：0985-36-1419
E-mail：info@office-sugiyama.jp　URL：https://office-sugiyama.jp/

三浦　修

■社会保険労務士・医業経営コンサルタント・代表社員

開業当初から創業関連、その他各種助成金の申請、およびコンサルティングや就業規則のコンサルティングを中心に業務を行ってきました。また、前職（会計事務所）の業務経験、人脈等を活かし、医療や介護事業所の顧問契約を多く頂くようになり現在に至ります。近年では、働き方改革関連の人事労務管理をテーマに、「定期労務監査」「システム提案」「採用・定着支援」など様々な提案を積極的に行っております。

社会保険労務士法人みらいパートナーズ

熊本市南区近見 8 丁目 6-29　TEL：096-277-1295　FAX：096-277-1296
東京都港区虎ノ門 3 丁目 10-3　虎ノ門 MT ビル 3F　TEL：03-6550-8160　FAX：03-6550-8161
E-mail：info@mirai-ptns.jp　URL：https://mirai-ptns.jp/

熊代　知也

■社会保険労務士

当事務所のモットーは「いつでも気軽に相談できること」。日々発生しうる労務管理上の疑問やトラブルにスピーディに対応し、常にお客様（会社）の立場に立って問題の解決をはかります。得意分野は「労務管理・労使トラブルに係るコンサルティング」「助成金の相談」や「各種セミナー」など。初回相談は無料で承ります。お気軽にお問い合わせください。

みんなの社労・行政書士事務所

〒 141-0031　東京都品川区西五反田 3-8-3　町原 Building3F
TEL：03-6420-3838　FAX：03-6747-6843
E-mail：kumashiro@minnanozimusyo.com　URL：http://www.minnanozimusyo.com/

吉村　徳男

■特定社会保険労務士

全国展開を進める当法人は、グループ全体で 2,000 超の取引先を抱え、蓄積された課題解決力が最大の持ち味です。スケールメリットを生かして社内システムを効率化することで、課題を抱える企業に真正面から向き合う時間を大切にしています。「何が企業にとって最適なのか」を問い続けることをモットーに、月々の給与計算から賃金体系・人事制度全般まで手掛ける「社外人事部」として、ヒトの分野において社長を全力で応援します！

社会保険労務士法人協心

〒 530-0054　大阪府大阪市北区南森町 1-4-19 サウスホレストビル 6F
TEL：06-6809-2117　FAX：06-6365-8723
E-mail：info@kyoshin.group　URL：https://kyoshin.group

北出　慎吾

■代表取締役・所長・特定社会保険労務士・採用定着士

「日本中の社長や社員がワクワク働き輝き溢れる社会をつくる」をビジョンに掲げ、経営者と社員が共に幸せになる仕組みとして、採用定着支援や成長・戦力化のための人事評価制度、就業規則の作成、モチベーションアップの社員研修などを実施しています。また人事労務相談や手続き代行、助成金提案、クラウド勤怠提案などもお客様の視点に立ち、お客様の成長に全力でサポートしています。「いい会社を作りたい」「成長したい」とお考えのお客様はぜひ、お気軽にご相談ください。

シナジー経営株式会社／北出経営労務事務所

〒910-0804　福井県福井市高木中央 2-701　ウイング高木 2F
TEL：0776-58-2470　FAX：0776-58-2480
E-mail：support@kkr-group.com　URL：https://kkr-group.com/

橋本　大輔

■代表・特定社会保険労務士

2012 年の開業以来、「経営者目線」「最新の情報を頻繁に提供する」「情報は常に分かりやすく」を大切に、従業員 5 名未満の地場企業から上場企業に至るまで、広島県福山市を中心に多くのお客様のご支援をさせていただいております。昨年からは、「同一労働同一賃金」と「働き方改革」を見据えて、時流に即した新評価制度の構築、就業規則の作成支援を率先して行っています。お気軽にご相談ください。

クロウド社会保険労務士事務所

〒720-0067　広島県福山市西町二丁目 8-27 ポートビル 4F
TEL：084-983-1198　FAX：084-983-1197
E-mail：info@kuroudo-sr.com　URL：https://kuroudo-sr.com

五十川　将史

■社会保険労務士

ハローワークでの勤務経験を活かした日本初のハローワーク採用に特化した専門書『ハローワーク採用の絶対法則』（誠文堂新光社 2018 年）を著した社会保険労務士。ハローワークを活用したローコスト採用支援を得意としています。

ウエルズ社会保険労務士事務所

〒509-0207　岐阜県可児市今渡 394-6　蘇南ビル 2F
TEL：0574-42-8195　FAX：0574-42-8196
E-mail：info@wels-sr.com　URL：http://www.wels-sr.com/

山崎　博志

■代表取締役・社会保険労務士

「求人募集をかけても、応募がない」「求人募集の内容を考えたいが、その時間がない」「いい人が採れない」とよく耳にするお悩みごと解決に向けて、静岡県から認定を受けた経営革新事業である求人革命®で、求人採用の支援をしています。求人革命®の打合せ中に出てくる社長のお悩みごとを 1 つずつ解決していくために、「今やるべき具体的な行動計画」「人事計画と評価制度」、「お金の流れの見える化」の 3 方向からサポートしています。

がんばれ浜松の社長株式会社／山崎博志社会保険労務士事務所

〒432-8003　静岡県浜松市中区和地山 1-7-18　チサンマンション 207
TEL：053-475-4620　FAX：053-522-7800
E-mail：info@yamazaki-roumu.com　URL：https://sr-yamazaki.jp/

中瀬　高子

■社会保険労務士・行政書士・CFP（ファイナンシャルプランナー）

《課題を発見し、解決のお手伝いを》漠然とした不満や悩みの原因を自社で見つけることはなかなか難しく、多様な働き方を創り出すことの必要性を感じたとしても、実現させるには専門分野の知識や経験が必要です。人材＝人財として、各々の従業員が経営者と同じ方向へ進むお手伝いをさせていただきます。お気軽にご相談ください。エフエムＥＧＡＯ（ＦＭおかざき）にて、聴くだけ！ビジネススクール「聴くサプリ *study* 労務！」にも出演中です。

中瀬社会保険労務士事務所

〒444-0837　愛知県岡崎市柱 4-2-9　アクティブ 72　2F
TEL：0564-58-4357　FAX：0564-59-3820
URL：https://www.nakase-sr.com/

松田　法子

■特定社会保険労務士・社会保険労務士法人SOPHIA 代表・福岡障害年金支援センター センター長

人間尊重の理念に基づき『労使双方が幸せを感じる企業造り』や障害年金請求の支援を行っています。採用支援、助成金受給のアドバイス、社会保険・労働保険の事務手続き、給与計算のアウトソーシング、就業規則の作成、人事労務相談、障害年金の請求等、サービス内容は多岐にわたっておりますが、長年の経験に基づくきめ細かい対応でお客様との信頼関係を大切にして業務に取り組んでおります。

社会保険労務士法人 SOPHIA

〒810-0074　福岡市中央区大手門 3-4-5　3F
TEL：092-725-6130　FAX：092-725-6131
E-mail：mail@sr-sophia.com　URL：https://sr-sophia.com/

渡久地　政美

■所長

当事務所は助成金のサポートを多く行っており、1年間の実績で約 200 件の申請を行い IT 業、建設業、サービス業他、多業種に対応しました。労働局にて助成金の審査を担当したスタッフが豊富におり、お客様が活用できる最適な助成金のご提案をしています。労働基準法の遵守に加え、助成金の申請がスムーズに行くよう法定帳簿作成指導、給与計算指導、就業規則および労使協定の作成・届出など全体的なサポートをしております。お気軽にお問合せ下さい。

neo 社労士事務所

〒901-2101　沖縄県浦添市西原 1-4-1 新里事務所 203 号室
TEL：098-917-1013　FAX：098-993-5874
E-mail：neo@neosharoushi.com　URL：https://www.neohome.site/

松井　孝允

■税理士・行政書士

税務会計にとどまらず御社に最適な人事制度設計を行います。人事制度設計については、給与総額を増やすことなく従業員の満足度を引き上げることが大事です。そのためには制度導入のみならず、公平な運用が大事です。経験した各種事例をとおして公平な運用のお手伝いまでを行います。

松井孝允税理士事務所

〒574-0071　大阪府大東市深野北 1-12-27
TEL：090-8205-2985　FAX：072-878-3740
E-mail：takamitsu_matsui@matsuicptaoffice.com　URL：https://matsuicptaoffice.com/

村松　貴通

■代表社員・特定社会保険労務士・戦略経営MBA・2030SDGs公認ファシリテーター

25歳で起業して20年になり、現在はスタッフ25名・年間相談3000件を超える社労士法人。「労務管理で社員の成長と企業の発展をはかり社会に貢献する」をモットーに地方創生に邁進。通常の社労士業務以外に、SDGs導入・M&A・株式公開等を目指す企業への労務支援まで対応。「めざせホワイト企業！会社のブランド力の高め方」等、商業出版3冊、人事労務系冊子10冊、その他専門誌執筆多数。社会的に価値ある先進的な取り組みは新聞社やテレビ局各社から取材多数。

社会保険労務士法人村松事務所／株式会社浜松人事コンサルタント

〒434-0014　静岡県浜松市浜北区本沢合829
TEL：053-586-5318　FAX：053-586-5579
E-mail：info@muramatsu-roumu.jp　URL：https://www.muramatsu-roumu.jp/

山嶋　紀之

■代表・特定社会保険労務士

（業務内容）「労働社会保険各種手続き代行」「給与計算代行」「労務相談」「就業規則等各種規定作成」「社員研修」「採用、定着支援」等ご要望に合わせた労務サポートを提供しています。
（PRポイント）当社は、「社労士業務を通じて顧問先企業の経営を支援し、もって関わる企業の繁栄と関わる人々の幸福の追究に寄与する」をモットーに安全、安心、誠実にサポートさせていただきます。お気軽にお問い合わせください。

社会保険労務士法人 W.I.S.E

〒464-0850　名古屋市千種区今池3-12-20 KAビル3F
TEL：052-753-4561　FAX：052-753-4562
E-mail：y-info@personel-s.co.jp　URL：https://www.sr-yamashima.com/

水尻　登志朗

■代表・社会保険労務士・CFP®

当事務所では、労働保険・社会保険の諸手続き、給与計算、助成金相談、人事労務コンサルティング等、お客様のご要望に合わせて、きめ細やかなサービスをご提供しております。また、税理士・司法書士・弁護士等との協働により、企業活動全般に対して、ワンストップでのサービス提供を実現しております。初回のご相談は無料で承ります。無理に契約を勧めることはいたしませんので、お気軽にご相談ください。

社会保険労務士事務所　東北クレイズパートナーズ

〒980-0013　宮城県仙台市青葉区花京院1丁目4番25号　シティタワー仙台203
TEL：022-779-7729　FAX：022-779-7739
E-mail：thanks@tohoku-creispartners.com

山下　俊一

■特定社会保険労務士・登録支援機関・経営革新等認定支援機関・第一種衛生管理者・キャリアコンサルタント

経営者様の「困った？」を解決いたします！当社は、特定社会保険労務士であると共に「認定支援機関」でもあります。開業11年、助成金・補助金申請3,000社以上、就業規則作成300社以上、人事評価規程作成200社以上のお手伝いをしてきました。他、労務トラブルや労働組合との対応相談、外国人労働者サポート、融資、給与計算業務等を行っています。お気軽にご相談ください。

社労士オフィス ネクストステップ

〒175-0082　東京都板橋区高島平2-28-1-505
TEL：03-6435-5404　FAX：03-6435-5414
E-mail：yanma@nextstep-sr.tokyo　URL：http://www.nextstep-sr.sakura.ne.jp/

安藤　貴文

■代表社員

大学卒業後、地域金融機関にて、地域の中小企業に対する金融の専門家として、資金運用、経営改善、経営相談などを通じてコンサルティング業務を実施。その後地元医療系公益法人の財務部及び人事部を統括。その後大学院に進学し、MBA を取得。平成 28 年の個人事務所として本格的に業務を開始。平成 30 年 8 月法人化。現在、岡崎、名古屋、岐阜、浜松・磐田、三重にてオフィス展開。

社会保険労務士法人 HRM

〒 444-0802　愛知県岡崎市美合町南屋敷 23 番地
TEL：0564-64-2924　FAX：0564-64-2948
E-mail：futurecreation@taka-mirai.com　URL：https://hrm-group.jp/company/

佐藤　崇

■人事コンサルタント・社会保険労務士

私たちは、仙台宮城の産業の振興と地域の発展に寄与することを理念に掲げる社会保険労務士事務所です。これまでに「助成金コンサルティング」では6億円以上の支援実績があり、また「労務・人事・組織コンサルティング」では、オーナー社長向けの独自メソッドの人事評価制度構築支援で地域の社長様からご評価を頂いております。この2つの業務を通じて、社長様の目標や夢の達成のお手伝いをし地域産業の振興と地域発展につなげることが出来ればと考えております。

仙台中央社会保険労務士事務所

〒 980-0014　宮城県仙台市青葉区本町 2 丁目 10 番 33 号　第二日本オフィスビル 4 階
TEL：022-266-8088　FAX：022-266-8089
E-mail：ichisen@i-ms.net　URL：https://sendai-chuo.com

本田　忠行

■特定社会保険労務士・キャリアコンサルタント

「社外の人事労務パートナー」として経営者の皆様が経営業務に専念できる体制をお手伝いしています。相談件数年間 100 件以上の当事務所では、採用退職関係手続き、労働・社会保険手続き代行、就業規則、人事評価、給料計算助成金受給支援も行っています。税理士・弁護士など他の士業ネットワークを活用したきめ細やかなサービスもご好評いただいております。どんな些細なことでもご相談ください。お待ちしています。

社会保険労務士法人クエスト

〒 550-0014　大阪府大阪市西区北堀江 1-5-2　四ツ橋新興産ビル 10 階
TEL：06-6563-9577　FAX：06-6563-9578
E-mail：info@sr-quest.com　URL：http://sr-quest.com/

松澤　隆志

■代表取締役

人事労務を専門とするアクタス HR コンサルティング株式会社及びアクタス社会保険労務士法人と、税務会計を専門とするアクタス税理士法人、システムを専門とするアクタス IT ソリューションズ株式会社のグループ 4 社により、総合的なサービスをワンストップで提供。中堅・中小企業、ベンチャーから上場企業まで 1268 社の顧問先を支援する（2020 年 10 月時点）。実効性の高いコンサルティングで、戦略立案から制度設計、施策推進まで強力に支援します。

アクタス HR コンサルティング株式会社

〒 107-0052　東京都港区赤坂 3-2-12 赤坂ノアビル
TEL：03-3224-8870　FAX：03-5575-3331
E-mail：HRconsulting@actus.co.jp　URL：https://actus-hrc.jp/

東　智春

■社会保険労務士・行政書士・代表社員

当事務所は、人事・労務管理のエキスパートとして毎月の給与計算から入退職時の社会保険手続、就業規則の作成・変更をはじめ経営者様からの各種お悩みのご相談や助成金申請などを行っております。またクラウドサービスを積極的に活用し、クラウド給与ソフトのご提案やクラウドサービスの導入支援等を行い経営者様が本業に専念できるようサポートしております。幅広いエリアのご相談にもスピード対応しておりますので、お気軽にご相談ください。

社会保険労務士法人 Amatria

〒145-0065　東京都大田区東雪谷 1-2-12
TEL：03-3727-7777　FAX：03-3727-7775
E-mail：info@amatria.net　URL：https://amatria.net

田中　宏一郎

■代表取締役

社会保険労務士、ファイナンシャルプランナーとして活動しております。人事部の経験を基に、「採用サポート」そして「助成金をつかってトラブルの起きない会社経営」をサポートしております。また上場企業の人事部では実施出来なかった【人を育てる＝売上アップのための人事評価制度】を今、事業主と一緒に創っております。中小企業にとって、育成は未来の売上アップにつながる重要な経営課題だと思います。ニューノーマル経営に向けて、スピード感をもって問題解決に取り組んでます。

社労士事務所ネオプランニング／株式会社ネオプランニング

〒550-0014　大阪府大阪市西区北堀江 1-5-2　四ツ橋新興産ビル
TEL：06-6684-9802　FAX：06-6684-9803
E-mail：info@neo-p2.jp　URL：https://neo-p2.jp/

浅木　克眞

■代表税理士

創業 60 年。「家族のように親身になって相談できる事務所」をスローガンに経営者様をサポートして参りました。私たちの事務所は会計だけでなく、企業評価等の経営コンサル、人事評価等の労務問題対応、相続等の事業承継など、経営課題の全てに対応してきた経験と実績があります。給与設計や評価制度は、従業員様の考えや経営者様の思いを「しっかりとお聞き」することが重要です。経験豊富な私たちが、親身になって対応致しますので、お気軽にご相談ください。

浅木克眞税理士事務所

〒235-0005　神奈川県横浜市磯子区東町 15 番 32 号 モンビル横浜根岸 301
TEL：045-751-2734　FAX：045-751-2741
E-mail：a.a.c@mocha.ocn.ne.jp　URL：http://www.asagi-tax.com/

鈴木　孝行

■代表社会保険労務士

会社にとって重要な財産は、「お金」だけでなく「人財」とお考えの経営者様が増えています。ところが実際は「給料」「人事評価」「組織づくり」「就業規則」など、さまざまな要素が絡み合い、どこから手をつけたら良いかわからないというのが本音だと思います。「何が問題かわからない」という状態でも、是非ご相談ください。難しい法律用語もわかりやすく丁寧にお伝えし、経営者様のお悩み解決を親身にサポート致します。

横浜みなとみらい社会保険労務士事務所

〒235-0005　神奈川県横浜市磯子区東町 15 番 32 号 モンビル横浜根岸 304
TEL：045-751-2735　FAX：045-751-2741
E-mail：t-suzuki@asagi-tax.com　URL：http://www.asagi-tax.com/

福　剛

■特定社会保険労務士・採用定着士

こんにちわ。社会保険労務士の福剛です。弊所は助成金から給与計算、障害年金、人事評価と幅広く対応している事務所です。また、朝起きやトイレ掃除にも率先して取り組んでおります。売り上げ向上に貢献すべく、出来ることからコツコツとやっているので、お問い合わせもお気軽にお願いします。それでは連絡お待ちしております。

ふく社会保険労務士事務所大分・福岡オフィス

〒871-0030　大分県中津市中殿町３丁目４番地１
TEL：0979-64-8329　FAX：0979-24-5827
E-mail：fuku.sr@gmail.com　URL：http://www.fuku-sr.com

井下　英誉　■かんじょう経営パートナー®
濱﨑　明子　■キャリアコンサルタント

「すべての人をビジョンでHappyに！」を理念に、私たち社会保険労務士を中心とした専門家が「社員の感情」と「会社の勘定」の両面から経営を考えて人事評価制度の構築と組織づくりを支援しています。会社のビジョンを実現できる人事評価制度を作りたい、制度を活用して人財育成をしたい経営者からのご相談にお応えします。

株式会社 HR アセスト

〒220-0004　神奈川県横浜市西区北幸 1-11-1　水信ビル７階
TEL：045-550-3719　FAX：045-330-6841
E-mail：staff@hr-assest.co.jp　URL：https://www.hr-assest.co.jp/

中川　博之

■代表取締役・特定社会保険労務士

社長のビジョン実現を二人三脚で一緒に走りながらサポートする業績アップ人事労務コーディネーター。労務と人事に特化して強力にサポート！のべ350社の労務を支援してきた技術・経験則・問題社員ハンドリング機能と「人材育成型の人事評価制度」の設計により従業員規模50人未満の『これから企業』の社長を人の悩みから解放します。ご連絡頂いた方には感謝の気持ちを込めまして個別無料面談（90分）を進呈致します！

株式会社ビジネスネットマネジメント／社労士事務所ビジネスネット

〒103-0021　東京都中央区日本橋本石町 4-4-15 朝日ビル本館 2F
TEL：03-5542-1085　FAX：03-6893-3157
E-mail：info@sr-strategy.com　URL：http://www.bnet-m.com

山本　雅一

■代表・特定社会保険労務士

社長の「思い」を仕組み作りでお手伝致します。労務管理を次のステージに…３つの制度「評価・等級・賃金」をハンドメイドでカスタマイズし、社長は、経営に集中して頂きます。社長と同じ思いで働く社員を幸せにする会社、全力でサポート致します。ど真剣にお考えの社長、ご連絡お待ちしております。

社会保険労務士法人さくらエール

〒285-0817　千葉県佐倉市大崎台 1-15-5 川上ビル 202
TEL：043-483-6055　FAX：043-483-6056
E-mail：yamamoto01@sakura-yell.or.jp　URL：https://sakura-yell.or.jp

安田　勝雄

■中小企業診断士・特定社会保険労務士・労働安全マネジメントシステム審査員　等

企業や法人だけではなく、働く方々とその企業や法人を取り巻く関係者の暮らしや人生をより良くするのが使命です。だから、一緒になって困った事態を良くしたい。将来のイメージをはっきりさせ、解決工程を作りこみ進めていくサポートを行っています。また、品質・環境・安全・プライバシーに関するマネジメントシステムの見直しやコストダウンや 5S、人材確保・定着等の問題解決や課題進捗による組織づくり等を進めています。

有限会社安田経営支援研究所／安田社会保険労務事務所

〒 503-0016　岐阜県大垣市八島町 123 番地
TEL：0584-73-2604（携帯電話　090-1784-4881）　FAX：0584-73-2604
E-mail：yasudakeieisien@yahoo.co.jp

濱田　英彰

■特定社会保険労務士・行政書士有資格者・個人情報保護士・メンタルヘルス・マネジメント検定試験 1 級取得

弊所では、労働保険や社会保険の提出代行、就業規則の作成はもちろんのこと、助成金申請や従業員の採用と定着、クラウドでの労務管理のお手伝いなど、ご要望に合わせたサービスを提供しています。特に、企業の雇用・働きやすい環境づくりに注力しており、その際に必要な企業内の仕組み作り、人事評価制度の作成、助成金のご提案などを積極的に行っています。初回相談は無料で承ります。お気軽にお問い合わせください。

はなふさ社労士事務所

〒 892-0832　鹿児島県鹿児島市新町 4-3　パラシオンいづろ 505 号室
TEL：099-805-8787　FAX：099-805-8788
URL：https://hanahusa-sr.com/

仲田　雄大

■特定社会保険労務士・代表社員

私たちは、お客様にとって最も良いと思えるサービスを提供し、お客様から「お願いして本当に良かった」と満足していただけること、そして末永くお付き合いしていただけることを目指しています。そのために、スタッフ全員がそれぞれの役割を全うするプロであることを自覚し、大阪、東京という東西の 2 拠点のオフィスから提供する私たちのサービスが、お客様の安心と満足へとつながり、お客様のお役に立てることを願っています。

社会保険労務士法人エルクエスト

〒 531-0071　大阪府大阪市北区中津 1 丁目 2 番 18 号ミノヤビル 4 階
TEL：06-6374-6111　FAX：06-6374-8222
E-mail：nakata@lquest.biz　URL：https://lquest.jp

大塚　訓

■特定社会保険労務士／キャッシュフローコーチ®

研修講師はそもそも売るのが難しい商品を扱っていて、形がない高額商品を買ってもらうためにはセオリーが必要だと思い、社員研修に使える助成金に注目し、助成金の知識と提案書を活用した提案型営業スタイルを確立し、50 名を超える研修講師の研修の受注の機会を増やしている。現在は、中小企業に企業研修を売りたいコンサル、コーチ、カウンセラー、セミナー講師のための［企業研修・成約率アップ実践講座］を開催する。

オークン社労士事務所／株式会社オフィース・オークン

〒 273-0011　千葉県船橋市湊町 2-12-24 湊町日本橋ビル 6 階
TEL：047-707-2784　FAX：047-413-0684
E-mail：info@jyoseikin2784.com　URL：http://www.orkoon2784.com

著者・監修者紹介

広瀬元義（ひろせ・もとよし）

株式会社アックスコンサルティング　代表取締役
1988年株式会社アックスコンサルティングを設立。会計事務所向けコンサルティング、一般企業の経営支援、不動産コンサルティングを中心にさまざまな事業を展開。会計事務所マーケティングの第一人者。米国会計事務所マーケティング協会の正式メンバー。米国HR TECH事業に詳しく、ブーマーコンサルティングタレントサークル正式メンバー。『９割の社長が勘違いしている資金調達の話』『従業員を採用するとき読む本　その採用の仕方ではトラブルになる!!』『ザ・メソッド　あなたの会社をキャッシュリッチに変える８つの秘訣』（以上、あさ出版）、『従業員のパフォーマンスを最大限に高める　エンゲージメント　カンパニー』（ダイヤモンド社）ほか、著書は48冊以上、累計発行部数は49万部を超える。

●株式会社アックスコンサルティング
〒150-0013　東京都渋谷区恵比寿1-19-15　ウノサワ東急ビル3階
TEL：03-5420-2711　FAX：03-5420-2800
E-mail：accs@accs-c.co.jp　URL：http://www.accs-c.co.jp/

著者紹介

中小企業を応援する士業の会

中小企業の成功と発展を全力でサポートする専門家集団。継続的な黒字発展のための税務・会計・手続・労務にまつわる整備をサポートはもちろんのこと、会社経営の問題解決にも積極的に取り組んでいる。

あぁ勘違《かんちが》い!!
社長《しゃちょう》が決《き》める「給与《きゅうよ》」と「評価《ひょうか》」の作《つく》り方《かた》　〈検印省略〉

2021年　5　月　19　日　第　1　刷発行

著者・監修者――広瀬元義（ひろせ・もとよし）
著　者――― 中小企業を応援する士業の会
発行者――― 佐藤和夫

発行所――株式会社あさ出版
〒171-0022　東京都豊島区南池袋2-9-9 第一池袋ホワイトビル 6F
電　話　03 (3983) 3225 (販売)
03 (3983) 3227 (編集)
F A X　03 (3983) 3226
U R L　http://www.asa21.com/
E-mail　info@asa21.com
印刷・製本　神谷印刷(株)

note　http://note.com/asapublishing/
facebook　http://www.facebook.com/asapublishing
twitter　http://twitter.com/asapublishing

ISBN978-4-86667-276-2 C2034